# 〈概観〉社会福祉法
## （第2版）

伊奈川秀和　著

# 第2版はじめに

　初版の刊行から約3年が経過した。初版において「木を見て森を見ず」と述べたが，社会福祉制度の幹や枝は成長し，森を概観する必要性は更に高まっている。平成から令和という時代の節目をはさんで，社会福祉分野における各種改革が進んでいるからである。

　まず2018年には，生活困窮者自立支援法の改正が行われ，自立相談支援事業・就労準備支援事業・家計改善支援事業の一体的実施，子どもの学習・生活支援事業による学習支援の拡充など支援策の強化が図られた。また，同時に行われた生活保護法の改正では，貧困の連鎖の防止にとって重要な大学進学等のための進学準備給付金が創設されている。

　2019年には，健康保険法等の一部改正の中で，高齢者の保健事業と介護予防の一体的な実施等の規定が整備された。これは高齢者施策の大きな流れである地域包括ケアシステムの確立を押し進めるものである。さらに同年には，児童虐待防止の関係で児童虐待防止法，児童福祉法等の改正も行われた。その中には，体罰禁止の法定化等による児童の権利擁護の強化，弁護士の配置等による児童相談所の体制強化，関係機関の連携強化等が盛り込まれている。このほか2019年10月からは，幼児教育・保育の無償化が実施されているが，これは子ども・子育て支援法の一部改正によるものである。

　2020年に入ると，社会福祉法等の一部改正法が成立した。内容としては，地域共生社会実現の観点から，複雑化・複合化した地域住民の支援ニーズに対応するための包括的な支援体制の構築（重層的支援体制整備事業等），認知症施策の強化，社会福祉法人の連携・協働化のための社会福祉連携推進法人制度の創設等が規定されている。

　最近の法改正では，改正の目的が分かるような法律名がつけられることが多い。ここに挙げた改正法でいえば，生活困窮者等の自立の促進，医療保険制度の適正かつ効率的な運営，児童虐待防止対策の強化，地域共生社会の実現である。幼児教育・保育無償化も加えると，社会福祉の射程の広がりは，かつての措置制度，その後の社会福祉基礎構造改革の時代と比べても急速である。本書が，めまぐるしく変化する社会福祉制度を理解する一助になれば幸いである。

　2020年7月

伊奈川　秀和

# 初版はじめに

　社会福祉法は，生きた法律であり，生きるための法律である。生存権保障は，社会福祉抜きにはあり得ない。しかも，戦後福祉三法から出発した社会福祉は，時代を経るとともにその内容を充実させ，今や福祉六法をも超え，介護保険により社会保険も取り込んだ膨大な体系を成すに至っている。

　この社会福祉は，学問的には，理論的であると同時に実践的な分野であり，制度・政策，思想・哲学，歴史，経営・運営，ソーシャルワークなど，多方面からのアプローチが可能である。いずれの場合であっても，現行制度を無視した空理空論は許されない。人間や社会に対する深い洞察に加え，立法政策も含めた現行制度に対する深い理解が必要である。

　本書は，社会福祉を概観し，法学の立場から論じるものである。また，社会保障法を構成する社会保障法総論及び社会保険法と並ぶ柱である社会福祉法の体系書でもある。

　執筆に当たって，本書は，大学の学部学生のみならず，社会福祉を法学的に勉強しようとする福祉系の大学院生，更には社会人や実務家を読者として念頭に置いた。これら多様な読者を対象に社会福祉法を論じるに当たっては，大きな森に成長した社会福祉関係立法を体系化し，全体の見取り図を提示することが求められる。

　確かに「神は細部に宿る（Le bon Dieu est dans le détail.）」ともいうが，まずは「木を見て森を見ず（Les arbres cachent la forêt.）」とならないようにすべきである。本書では，個々の制度の細部を解説するよりも，解釈論や判例等にも目配りしつつも，全体を貫く原理・原則や相互の関係性を浮かび上がらせることに力を傾注した。さもなければ，改正の頻繁な社会保障法においては，制度改革等の事象のフォローに追われ，制度の本質にたどり着けないまま終わることになりかねない。また，制度の技術的な側面を理解する上でも，大局観が必要である。

　これにより，巨大船として人口減少社会の荒海に乗り出そうとする現代の社会福祉に航海図と羅針盤を与え，読者が社会福祉の航海に旅立つことの一助となることを願ってやまない。

　2017 年 10 月

伊奈川　秀和

────────── 目　　次 ──────────

第2版はじめに（iii）
初版はじめに（iv）

◆**第1章　社会福祉法の概観**……………………………………………… 3

　第1節　社会福祉の射程……3
　　1　福祉の多義性（3）／2　社会福祉の意義（4）／3　社会
　　福祉に関係する実定法（5）／4　社会福祉法の概念（8）
　第2節　社会福祉の理念……9
　　1　実定法の理念（9）／2　実定法を支える理念・モデル（10）
　第3節　社会福祉の分類……12
　　1　社会福祉法の分類（12）／2　社会福祉事業の分類（12）

◆**第2章　社会扶助の規範的基礎**……………………………………… 15

　第1節　社会扶助の規範的基礎……15
　　1　憲法規範としての生存権（15）／2　社会扶助の基礎と
　　しての連帯（16）
　第2節　社会福祉の実施責任……18
　　1　生存権保障等との関係（18）／2　社会福祉の組織（19）
　第3節　政　策　主　体……20
　　1　行政の重層構造（20）／2　専門組織（22）
　第4節　経　営　主　体……24
　　1　意　義（24）／2　主体の概観（25）／3　設置主体と運
　　営主体（26）／4　社会福祉法と福祉各法との関係（30）／
　　5　社会福祉法人（31）
　第5節　実　践　主　体……36
　　1　社会福祉の専門性（36）／2　福祉職の種類（37）／3
　　国家資格制度（38）／4　民生委員（39）／5　ボラン
　　ティア（39）

◆**第3章　社会福祉の方法**……………………………………………*41*

第1節　社会福祉の方式……*41*

　1　社会保険と社会扶助（*41*）／2　社会扶助の給付方式（*42*）

第2節　社会福祉の給付方式……*43*

　1　措　置　方　式（*43*）／2　保育所方式（*46*）／3　個人給付
方式（*47*）／4　社会保険方式（*50*）／5　任意契約方式（*51*）

第3節　社会扶助の権利保障……*52*

　1　概　　観（*52*）／2　手　続　保　障（*52*）／3　受給権の保護
等（*54*）／4　権　利　救　済（*55*）

◆**第4章　社会福祉の行財政**…………………………………………*57*

第1節　社会福祉行政の基本……*57*

　1　概　　観（*57*）／2　地　方　分　権（*58*）／3　自治事務及び
法定受託事務（*59*）／4　条　例　委　任（*60*）

第2節　福　祉　計　画……*61*

　1　計画の意義（*61*）／2　各種計画の体系（*61*）／3　計画
導入の流れ（*62*）／4　福祉計画の意義（*65*）

第3節　社会福祉の財政……*66*

　1　社会福祉の財政規模（*66*）／2　社会福祉の財政方式（*67*）
／3　社会福祉の財源（*68*）／4　地方財政との関係（*71*）
／5　補助金等の規範的根拠（*72*）／6　憲法89条との関係
（*73*）

第4節　利用者負担……*74*

　1　概　　観（*74*）／2　法　的　性　格（*75*）

◆**第5章　公的扶助法**…………………………………………………*78*

第1節　公的扶助の体系……*78*

　1　概　　観（*78*）／2　生活保護の位置付け（*80*）

第2節　生活保護の理念（理念論）……*81*

　1　実定法上の拠り所（*81*）／2　理念上の拠り所（*82*）／3
機能上の拠り所（*82*）

第3節　生活保護の原則（原則論）……*83*

　1　4原理4原則（*83*）／2　保護の補足性（*84*）／

　　3　実施責任（*89*）
　第4節　生活保護の水準（水準論）……*90*
　　1　健康で文化的な最低限度の生活（*90*）／2　定期的検証
　　（*92*）／3　保護基準の変更（*93*）／4　他制度との関係（*94*）
　第5節　生活保護の給付（給付論）……*95*
　　1　給付の概観（*95*）／2　自立助長（*97*）／3　就労自立
　　給付金及び被保護者就労支援事業（*98*）
　第6節　生活保護の過程（過程論）……*98*
　　1　手続的権利の重要性（*98*）／2　申請保護（*99*）／3
　　急迫保護（*100*）／4　制度の運用（*101*）
　第7節　生活保護の財政（財政論）……*103*
　　1　費用負担（*103*）／2　費用徴収等（*103*）
　第8節　その他の関連制度……*104*
　　1　生活困窮者自立支援法（*104*）／2　ホームレスの自立の
　　支援等に関する特別措置法（*106*）

◆第6章　高齢者福祉法 ……………………………………………… *107*

　第1節　基本構造……*107*
　　1　高齢者概念（*107*）／2　高齢者福祉法の概観（*108*）
　第2節　老人福祉法……*110*
　　1　意義（*110*）／2　概観（*110*）／3　住宅施策との関
　　係（*112*）
　第3節　介護保険法……*113*
　　1　概観（*113*）／2　保険関係（*114*）／3　要介護認定
　　等（*114*）／4　給付（*116*）／5　一部負担（*117*）／
　　6　事業者の指定（*118*）／7　介護報酬（*120*）／8　地域
　　支援事業（*122*）／9　介護保険事業計画（*124*）／10　財
　　政（*125*）

◆**第7章　障害者福祉法** ……………………………………………… *126*

　　第1節　基 本 構 造……*126*
　　　　1　障害者福祉法の概観（*126*）／ 2　障害の概念（*129*）／ 3
　　　　障害者基本法の意義（*129*）
　　第2節　身体障害者福祉法，知的障害者福祉法及び精神
　　　　　　保健福祉法……*131*
　　　　1　身体障害者福祉法（*131*）／ 2　知的障害者福祉法（*132*）
　　　　／ 3　精神保健福祉法（*134*）
　　第3節　障害者総合支援法……*135*
　　　　1　制度の位置付け（*135*）／ 2　制度の概観（*136*）


◆**第8章　子ども福祉法** …………………………………………… *142*

　　第1節　基 本 構 造……*142*
　　　　1　子ども福祉法の概観（*142*）／ 2　基 本 法（*144*）／ 3
　　　　子ども福祉の射程（*146*）／ 4　子どもの最善の利益（*146*）
　　第2節　児童福祉法……*147*
　　　　1　意 義（*147*）／ 2　概 観（*148*）
　　第3節　子ども・子育て支援法……*153*
　　　　1　意 義（*153*）／ 2　概 観（*154*）
　　第4節　社 会 手 当……*160*
　　　　1　社会手当の意義（*160*）／ 2　児童手当法の概観（*161*）
　　　　／ 3　児童扶養手当法の概観（*162*）／ 4　特別児童扶養手当
　　　　法の概観（*163*）


◆**第9章　社会福祉法における新たな規整手法**……………………… *164*

　　第1節　概 観……*164*
　　　　1　社会福祉のパラダイム転換（*164*）／ 2　新たな規整手法
　　　　の登場（*165*）
　　第2節　需給調整に関する規整……*169*
　　　　1　規整の動向（*169*）／ 2　新たな規整の登場（*170*）／ 3
　　　　福祉における需給調整に関する問題（*174*）
　　第3節　利用者の権利保障……*176*

1　権利保障の意義（*176*）／2　最低基準等（*179*）／3　評価制度（*179*）／4　権利擁護（*182*）／5　虐待防止等（*183*）／6　差別禁止（*187*）

索　引（*189*）

<h1 style="text-align:center">〈凡　例〉</h1>

## 1．法令名略語

介保法　介護保険法
行訴法　行政事件訴訟法
憲　法　日本国憲法
健保法　健康保険法
国賠法　国家賠償法
子支法　子ども・子育て支援法
国保法　国民健康保険法
児手法　児童手当法
児福法　児童福祉法
士士法　社会福祉士及び介護福祉士法
社福法　社会福祉法
子園法　就学前の子どもに関する教育，保育等の総合的な提供の推進に関する法律
障支法　障害者の日常生活及び社会生活を総合的に支援するための法律
身障法　身体障害者福祉法
生保法　生活保護法
精神法　精神保健及び精神障害者福祉に関する法律
地財法　地方財政法
自治法　地方自治法
知障法　知的障害者福祉法
NPO法　特定非営利活動促進法
老福法　老人福祉法

　（注）条の枝番を引用する際には，ハイフンでそのことを示している（例えば第1条の2
　　　　は1-2条となる）。
　　　　引用の際の「令」は，政令を意味する。

## 2．『〈概観〉社会保障法総論・社会保険法』の表記

　拙著『〈概観〉社会保障法総論・社会保険法（第2版）』（信山社，2020年）につい
ては，**総論・保険法**と略している。

〈概観〉社会福祉法（第2版）

# 第1章

# 社会福祉法の概観[1]

## ● 第1節 社会福祉の射程 ●

### 1 福祉の多義性

「**福祉**（welfare）」は，社会保障の専売特許ではない多義的な用語である。例えば，憲法12条，13条，22条及び29条に登場する「公共の福祉」は，権利の限界や制約との関係で使用される抽象的用語である。また，個別法では，民法1条（基本原則）1項が「私権は，公共の福祉に適合しなければならない。」と規定している[2]。

このように法の世界では，公共の福祉が公益との関係性を想起させる用語であるのに対して，社会政策，政治学等の分野では，福祉は「**福祉国家**（Welfare state）」という形で国家の在り方としても使用される。この場合には，産業革命後の自由主義（自由放任の思想）が支配的な時代の小さな政府や，19世紀ドイツの思想家ラッサールの夜警国家（Nachtwächerstaat）に対して，20世紀的権利である社会権実現のために国家が積極的役割を演じる積極国家としての福祉国家である。

---

(1) 社会福祉関係立法も改正の多い分野である。制度の現状及び政策の動向を知るには，毎年厚生労働省（以下「厚労省」という）から出される「厚生労働白書」のほか，『国民の福祉と介護の動向・厚生の指標増刊・第66巻第10号』（厚生労働統計協会，2019年）が参考になる。なお社会保障法の総論部分と社会保険法は**総論・保険法**で扱う。本書は社会保障の分類（**同書第1章図1-4参照**）のうち公的扶助と社会福祉を扱う。

(2) 我妻栄『新訂民法総則』（岩波書店，1965年）34頁は，「公共の福祉とは，要するに，社会共同生活の全体としての向上発展である」と定義している。

以上の福祉が目的的概念であるのに対して，社会保障の一分野としての社会福祉は機能的概念と捉えられる。つまり，他の社会保障分野とともに，生存権保障としての社会保障の一翼を担うのが社会福祉である。

## 2 社会福祉の意義 ●　●

1950年の社会保障制度審議会（以下「制度審」という）勧告の分類（**総論・保険法第1章図1-3**）に代表されるように，**社会福祉**（social welfare）と社会保険は，伝統的に異なる制度と理解されてきた。すなわち，制度審は，社会保障を社会保険，社会手当，国家扶助，社会福祉及び公衆衛生に分けた上で，「社会福祉とは，国家扶助の適用を受けている者，身体障害者，児童その他援護育成を受ける者が，自立してその能力を発揮できるよう，必要な生活指導，更生補導，その他の援護育成を行うことをいうのである」と定義している。この結果，今日言うところの障害者福祉，児童福祉等の社会福祉がここに登場することになる。

しかし，介護保険が存在する現在[3]，社会保険と社会福祉を対峙させる分類は現行制度にそぐわない嫌いがある。そこでここでは，児童，障害者，高齢者等の対象に着目した分野としての社会福祉とは別に，法技術に着目した手法としての社会扶助を社会保険とともに用いて論じることにする。つまり，法技術としては，社会扶助とともに社会保険が存在し，社会福祉の分野には両方の法技術が利用されることになる。その点で，要保障性と保障のための法技術はアプリオリに結びつくわけではないことになる。

この場合の社会保険及び社会扶助の概念は，とりあえず次のとおりである。注意すべきは，社会扶助は公的扶助のような低所得者対策のみを意味するわけではなく，社会福祉サービスを必要とする生活障害のようなリスクも包含する点である[4]。

① **社会保険**　社会的リスク（保険事故）を対象として，保険料拠出に対して，ニーズを踏まえつつも定型的な給付がなされる制度

② **社会扶助**　社会的リスク（保険事故以外も含む）を対象として，保険料拠出を前提とせず，ニーズに応じて給付がなされる制度（資力調査・所得調

---

(3)　介護保険は本書，その他の社会保険は**総論・保険法**で扱っている。

(4)　荒木誠之『**社会保障の法的構造**』（有斐閣，1983年）29-40頁

査を伴う場合が多い。また，応能原則による利用者負担も見られる）[5]

## 3　社会福祉に関係する実定法　● ● ●

　社会福祉の射程を考える上で，一般に社会福祉と認識されている実定法を挙げることが有益である。特に社会福祉を考える上で必須なのが，①生活保護法，②児童福祉法，③母子及び父子並びに寡婦福祉法（以下「母子・父子・寡婦福祉法」という），④身体障害者福祉法，⑤知的障害者福祉法，⑥老人福祉法の**福祉六法**である。福祉六法の中には，社会福祉法のほか，児童手当法，児童扶養手当法，特別児童扶養手当等の支給に関する法律（以下「特別児童扶養手当法」という）のような社会手当立法は含まれていないが，それぞれの法目的に照らすなら，いずれも社会福祉に関する実定法である。

　これに対して，精神保健及び精神障害者福祉に関する法律（以下「精神障害者保健福祉法」という）は，社会福祉であると同時に，精神障害者の医療及び保護を行う点で保健（公衆衛生）に跨がる分野である。このように社会福祉と医療・保健の両面から施策を講じる例は，障害児・者の医療にも存在する。その点では，介護保険も，要介護状態等に着目して社会福祉及び保健医療の両面に跨がる給付を支給する制度である。従って，実定法上は，社会福祉のみならずそれとの交錯領域が同時に規定されることがあることになる。また，保健医

---

　(5)　「社会扶助」は，我が国の実定法上の概念ではない。フランスでは社会扶助（aide sociale）が一般的に使用されているが，その概念を参考にするなら，法律又はその委任に基づく社会福祉関係の無拠出制の現金・現物給付であって，ニーズに応じて行政処分により決定・支給されるものを一応社会扶助と捉えることができる。この場合，社会扶助にとって利用者負担の有無やそれが応能負担か否かは，必須の判断要素ではないと考えられる。また，所得・資力要件（インカムテスト，ミーンズテスト）の有無は，ニーズの有無の判断要素として重要ではあるが，絶対的な基準ではない。なお，小山進次郎は，「国又は地方公共団体の公権力の発動による対価としての意味を持たない一方的な救済」を扶助と定義している（小山進次郎『改訂増補生活保護法の解釈と運用（復刻版）』（全国社会福祉協議会，2008 年）122 頁）。現実の制度に即してみると，生活保護は社会扶助の典型であるが，多様な給付や事業を含む各種社会福祉立法は，一律に社会扶助とは捉えることはできないものの，措置制度及びその類似制度による給付は社会扶助に当たると考えられる（要綱に基づく給付も社会扶助になり得ることについては，最一小判平成 15 年 9 月 4 日民集 210 号 385 頁）。歴史的に見ると，救護法や生活保護法から分離発展していった制度は，傾向としては社会扶助としての性格を薄めてきている。また，社会手当も，概念上は社会扶助に含まれることになる。

図1-1　社会立法第三の波（パラダイム転換）

● 第1の波＜大正～昭和初期＞
・社会政策立法　＝恩恵的／慈善的
　＊健康保険法(1922年)，救護法(1929年)，公益質屋法(1927年)
　＊借地法・借家法(1921年)，小作調停法(1924年)

● 第2の波＜戦後＞
・生存権（憲法25条）と福祉六法等　＝権利
　＊身体障害者福祉法(1947年)，知的障害者福祉法(1960年)，
　　精神保健法(1950年)，障害者雇用促進法(1960年)等

● 第3の波＜現在＞
・福祉以外への外延の拡大　＋　児童権利条約・障害者権利条約
　＊児童虐待防止法(2000年)，身体障害者補助犬法(2002年)，
　　高齢者虐待防止法(2005年)，障害者虐待防止法(2011年)，
　　障害者優先調達推進法(2012年)，障害者差別解消法(2013年)
　　　　⇓
・共生社会の構築

（出典）筆者作成

　療であっても，生活困窮者に無料・低額でサービス（診療，介護老人保健施設の利用）を提供する場合は，社会福祉法（2条3項9・10号）がそれを社会福祉事業に位置付けているように，低所得者対策として社会福祉の性格を有することになる。これは，生活保護に医療扶助が含まれることからも理解できる。

　社会福祉は，戦前の救護法等の社会立法の登場，戦後の新憲法の下での福祉三法から福祉六法体制の確立に至るまでの大きな歴史のうねりの中で発展してきた。特に介護の社会化を掲げて登場した介護保険法（2000年施行）では，それまでの措置制度に代えて社会保険方式が採用され，社会福祉におけるサービス利用のあり方を転換させる契機となった。実際，1951年以来，大きな改正が行われてこなかった社会福祉事業法は，「**措置から契約へ**」という理念の下での**社会福祉基礎構造改革**により，2000年に改正されることになった。法律名が社会福祉法に改められるのみならず，福祉各法においても利用契約を前提とする給付方式が導入されることになった（第3章第2節参照）。そのほか，判断能力が不十分な者が地域で生活する際に必要なサービスの利用援助等を行う地域福祉権利擁護事業（現在の日常生活自立支援事業），都道府県社会福祉協議

図1-2 社会保障から社会的保護へ

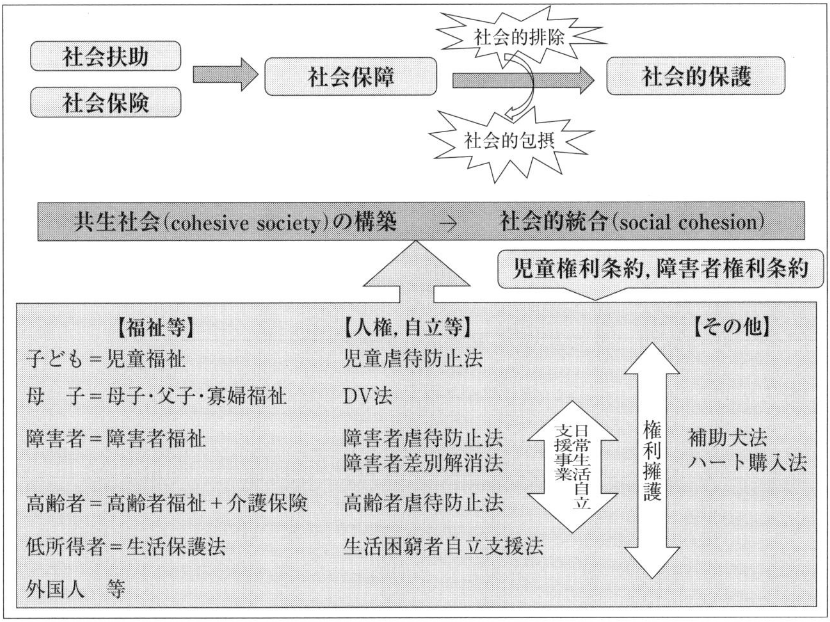

(出典) 筆者作成

会の苦情解決のための運営適正化委員会の設置，サービスの第三者評価制度等が導入されたりしたことも，社会福祉基礎構造改革による。

さらに，近年，社会福祉に関しては，利用者等の権利に関わる分野として，権利擁護法制，虐待防止法制，差別禁止法制ともいうべき新たな立法が登場してきており，その外延が拡大傾向にある（図1-1）。この外延の拡大に照らせば，「**社会保障**（social security）」というよりも，より広く「**社会的保護**（social protection）」として捉えるべきである（図1-2）。ただし，これらが本来的な社会福祉であるのか否かには議論の余地がある。確かに社会福祉を給付行政として理解するなら，権利擁護，虐待防止，差別禁止等は，社会福祉から外れる。しかし，これまでの福祉各法も，福祉犯罪等との関係での警察行政が典型であるが，必ずしも給付行政に限定されない内容を含んでいた。また，社会福祉法を身体・精神上の理由により日常生活を営むのに支障があるという意味で生活障害に関する法と捉えるなら，権利擁護，虐待防止，差別禁止等も児童，障害者及び高齢者という生活障害に直面する人々を対象とする[6]。その点では，

権利擁護，虐待防止，差別禁止等も，ここでは社会福祉に関する法律として位
置付けることにしたい。

## 4 社会福祉法の概念 ● ● ● ●

　社会福祉の外延拡大により，その対象者も低所得者に限定されない広がりを
有するようになり，対象者への視座や捉え方が改めて重要となっている。

　要保障事故に着目した荒木誠之の社会保障法の体系によれば，生活保障給付
を構成する二大体系である**所得保障給付**（生活危険給付＋生活不能給付）と**生活
障害給付**のうち，

　① 生活不能給付は，最低生活水準の維持を目的とし，

　② 生活障害給付は，その障害の除去または軽減するための非金銭的な給付，
　　いわゆるサービス給付を内容とする[7]。

　この分類に従えば，①は生活保護法，②は社会福祉各法が対応する。この結
果，生活保護法は別として，生活障害という所得とは関係ない要保障事故に起
因するニーズに対応する社会福祉各法の場合には，その対象者は低所得者に限
定されない。

　ところで，社会福祉に戦前の**恤救規則**，**救護法**等に始まる救貧対策が影響し
ていることは，1963 年に生活保護法から分離発展する形で老人福祉法が制定
されたことからも理解できよう。しかも，措置制度の下で利用者負担が応能負
担であったことも社会福祉の対象を低所得層中心に考えさせる要因であった。

　しかし，保育所の利用実態，介護保険法による介護サービスの利用拡大等に
見られるように，もはや福祉を救貧対策の視点のみで捉えることが困難となっ
ている。その点で，社会福祉の対象を生活障害を抱えている人々であると捉え
ることには，現在でも意義がある。とりわけ，権利擁護等のように社会福祉が
給付行政を越えて展開する現在，生活障害概念は，福祉各法を繋ぐ鍵概念であ
る。ただし，サービスの利用実態や対象者の外延拡大に伴い，保育が典型であ
るが，要保障事由をハンディキャップの視点で捉えることも狭くなりつつある。
そうであれば，差し当たり，社会福祉を生活障害に起因する多様なニーズを抱
える人々に対する現金又は現物給のほか権利擁護等も包含した体系として捉え

----

　(6)　生活障害については，荒木誠之『社会保障法読本［新版補訂］』（有斐閣，2000 年）
　　250-258 頁

　(7)　荒木・前掲注(6) 250-258 頁

ることが適当である。

　このことは，社会的な一定の価値，基準等でもって客観的に改善等の必要性を判断し，多様なニーズ（**必要**）をそこに包含しようとする社会福祉の考え方とも親和的である[8]。

## 第2節 社会福祉の理念

### 1 実定法の理念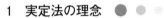

　社会福祉の射程及び対象者の人間像を考える上でも，その理念を整理することが重要である。ところが，社会福祉をめぐる理念には，変遷，対立，競合等があり，複数の理念が入り交じるのが現実である。

　そこで，実定法の目的規定等を頼りに重要と思われる理念を列挙する。

① **人権**　児童虐待の防止等に関する法律（以下「児童虐待防止法」という）1条，障害者基本法1条（基本的人権），障害者総合支援法（基本的人権）

② **尊厳**　障害者基本法1条，障害者の日常生活及び社会生活を総合的に支援するための法律（以下「障害者総合支援法」という）1条，障害者虐待の防止，障害者の養護者に対する支援等に関する法律（以下「障害者虐待防止法」という）1条，介護保険法1条

③ **権利利益の擁護**　児童虐待防止法1条，高齢者虐待の防止，高齢者の養護者に対する支援等に関する法律（以下「高齢者虐待防止法」という）1条，障害者虐待防止法1条

④ **共生**　障害者基本法1条

⑤ **福祉**　社会福祉法1条（社会福祉の増進），障害者総合支援法1条（福祉の増進），身体障害者福祉法1条（福祉の増進），知的障害者福祉法1条（福祉の増進），老人福祉法1条（福祉を図る），介護保険法1条（福祉の増進），母子・父子・寡婦福祉法1条（福祉を図る），児童扶養手当法1条（福祉の

---

(8)　社会福祉における社会的ニードについては，三浦文夫『社会福祉政策研究：福祉政策と福祉改革（増補改訂）』（全国社会福祉協議会，1995年）60頁が，操作概念としての社会的ニードを「ある種の状態が，一定の目標なり，基準からみて乖離の状態にあり，そしてその状態の回復・改善等を行う必要があると社会的に認められたもの」と捉えている。

増進），特別児童扶養手当法 1 条（福祉の増進）

⑥ **生活**　生活保護法 1 条（最低限度の生活保障），児童福祉法 1 条，老人福祉法 2 条（生活を保障），児童手当法 1 条（生活の安定），児童扶養手当法 1 条（生活の安定）

⑦ **自立**　生活保護法 1 条，児童虐待防止法 1 条，障害者基本法 1 条，身体障害者福祉法 1 条，知的障害者福祉法 1 条，介護保険法 1 条，児童扶養手当法 1 条

⑧ **参加**　障害者基本法 1 条（社会参加），老人福祉法 2 条（社会に参加，社会的活動に参加），身体障害者福祉法 1 条（社会経済活動への参加）

⑨ **保護**　児童福祉法 1 条，児童虐待防止法 1 条，

⑩ **健やかな成長**　児童手当法 1 条

⑪ **連帯**　介護保険法 1 条（国民の共同連帯）

## 2　実定法を支える理念・モデル　●　●　●　●

　生活（維持）自己責任原則に対する修正原理としての社会福祉を支える第一の原理は，**生存権**である。このことは，社会福祉が憲法 25 条に明確に規定され，社会保障による生存権保障の一角を占めることからも当然である。さらに，歴史的に自己責任を過度に強調することで劣等処遇原則に陥ってきたことを回避し，各種施策を社会防衛ではなく国民の福祉の観点から捉える上でも今日的な意義がある。

　その上で，実際に生存権保障を実現するために必要となる制度の設計・運営や下位規範を領導する理念が次に重要となってくる。例えば，次のような理念が社会福祉には存在する。

① **普遍主義**　公的扶助のミーンズテスト（資力調査）や社会手当の所得制限が典型であるが，給付について要保障事故の発生だけでなく一定の所得・資力要件を条件とする選別主義に対して，要保障事由のみで給付がなされる場合がある。その根底にあるのが普遍主義である。歴史的には，公的扶助から福祉サービスが分化・発展する中で普遍主義の考え方が強くなってきたと捉えられる。最近では，選択できる福祉を掲げた介護保険制度も措置制度との比較で普遍主義の流れに沿ったものであった。

② **当事者主義**　福祉サービスの受給者を客体ではなく，サービスの権利主体として積極的・能動的に捉える利用者主権，ノーマライゼーション等

の考え方の根底には，当事者主義が存在している。障害者の権利に関する条約（以下「**障害者権利条約**」という）を推し進めた「Nothing About Us Without Us（私たちのことを，私たち抜きに決めないで）」も当事者主義の現れである。このほか児童の権利に関する条約（以下「**児童権利条約**」という）の中には，児童の意見の表明に関する権利が規定されている（12条）。

③ **居宅主義**　福祉サービスの提供形態としての施設と居宅のうち，施設主義の形で施設入所を重視してきた伝統的アプローチに対して，住み慣れた地域や住まいを中心とする居宅主義が現在の主流となっている。介護保険，障害者福祉においても，施設よりも居宅が重視されているが，これも居宅主義の反映と捉えられる。

　理念とは趣を異にする視点であるが，社会福祉は一定のライフスタイルやライフサイクルを前提とする場合が多い。これが意識的か否かはともかくとして，一定のモデルを前提とすることにより制度の設計がなされ，権利義務関係に影響する点では，モデルにも規範的意義があることになる。具体的には，次のようなモデルが存在する。

① **核家族モデル**　例えば，生活保護の扶助基準の設定の前提となる夫婦子1人世帯等のモデルである。このほか，介護ニーズの増大の背景には，三世代同居の減少と核家族化があり，家族に対する現金給付の是非も，この核家族モデルへの評価が影響していると言える[9]。

② **生活モデル**（社会モデル）　障害者分野で伝統的な医学モデルに対して，社会との関係で障害を捉える社会モデルである。障害者総合支援法では介護保険法と異なり，要介護度のような認定基準ではなく障害支援区分が採用されているが，これも社会モデルが根底にあると考えられる。

③ **片働きモデル**　高度成長期のサラリーマンの片働きモデルに対して，保育需要の増大に象徴されるように共働きモデルの比重が増大している。

---

(9) モデルの問題は，社会保障の必要性とも関係する。老齢年金は，長生きのリスクから説明されることが多いが，ライフサイクルの予見可能性の限界も関係する。すなわち，人々は前の世代を見て将来の人生設計を考えがちであるが，そこに予見可能性の限界がある。仮に若年期に3世代同居モデルを想定しても，現実の高齢期には核家族モデルとなっていたのが今の社会であり，年金，介護保険等の必要性は，この点とも関係する。

## ● ● 第3節 社会福祉の分類 ● ● ●

### 1 社会福祉法の分類 ● ● ●

社会福祉の全分野にわたる共通的基本事項を規定する社会福祉法によれば，社会福祉は，**地域福祉**の観点から，①社会福祉経営者等の専任者によって担われる「**社会福祉を目的とする事業**」（1条，4条等）と②地域住民等によって担われる「**社会福祉に関する活動**」（4条等）に分類される。

さらに，このうちの社会福祉を目的とする事業においては地域福祉が重要な柱となるが，それ以外の社会福祉分野を含めた社会福祉事業がそこに包含されることになる（図1-3）。また，地域福祉の関係では，保健医療，住まい，就労及び教育のように，必ずしも福祉に含まれない課題も含めた対応が重要となっている。そのこともあり，社会福祉法では，地域住民等の連携等により解決すべき各般の課題について，それらの解決に資する支援を行う支援関係機関との連携の対象として地域生活課題という概念が設けられている（4条2項）。

### 2 社会福祉事業の分類 ● ● ●

社会福祉法人が主たる担い手となる社会福祉事業は，社会福祉サービスの中核に位置付けられ，社会福祉とともに発展してきた。この社会福祉事業は，一般的な定義が困難であることなどから，社会福祉法（2条）に個別事業を限定

図1-3 社会福祉事業等の概念

（出典）筆者作成

図1-4 社会福祉事業

| 第1種社会福祉事業 | 第2種社会福祉事業 |
|---|---|
| ・生活保護法の救護施設，更生施設<br>・生計困難者を無料・低額な料金で入所させて生活の扶助を行う施設<br>・生計困難者に対して助葬を行う事業<br>・児童福祉法の乳児院，母子生活支援施設，児童養護施設・障害児入所施設・情緒障害児短期治療施設・児童自立支援施設<br>・老人福祉法の養護老人ホーム，特別養護老人ホーム，軽費老人ホーム<br>・障害者総合支援法の障害者支援施設<br>・売春防止法の婦人保護施設<br>・授産施設<br>・生計困難者に無利子・低利で資金を融通する事業<br>・共同募金を行う事業 | ・生計困難者に対して日常生活必需品・金銭を与える事業<br>・生計困難者生活相談事業<br>・生活困窮者自立支援法の認定生活困窮者就労訓練事業<br>・児童福祉法の障害児通所支援事業，障害児相談支援事業・児童自立生活援助事業・放課後児童健全育成事業・子育て短期支援事業，乳児家庭全戸訪問事業，養育支援訪問事業，地域子育て支援拠点事業，一時預かり事業，小規模住居型児童養育事業・小規模保育事業・病児保育事業・子育て援助活動支援事業<br>・児童福祉法の助産施設，保育所，児童厚生施設，児童家庭支援センター<br>・児童福祉増進相談事業（利用者支援事業等）<br>・認定こども園法の幼保連携型認定こども園<br>・養子縁組あっせん事業<br>・母子・父子・寡婦福祉法の母子家庭日常生活支援事業・父子家庭日常生活支援事業・寡婦日常生活支援事業<br>・母子・父子・寡婦福祉法の母子・父子福祉施設<br>・老人福祉法の老人居宅介護等事業，老人デイサービス事業，老人短期入所事業，小規模多機能型居宅介護事業，認知症対応型老人共同生活援助事業，複合型サービス福祉事業<br>・老人福祉法の老人デイサービスセンター（日帰り介護施設），老人短期入所施設，老人福祉センター，老人介護支援センター<br>・障害者総合支援法の障害福祉サービス事業，一般相談支援事業，特定相談支援事業・移動支援事業・地域活動支援センター，福祉ホーム<br>・身体障害者福祉法の身体障害者生活訓練等事業，手話通訳事業又は介助犬訓練事業若しくは聴導犬訓練事業<br>・身体障害者福祉法の身体障害者福祉センター，補装具製作施設・盲導犬訓練施設・視聴覚障害者情報提供施設<br>・身体障害者更生相談事業<br>・知的障害者更生相談事業<br>・生計困難者に無料・低額な料金で簡易住宅を貸し付け又は宿泊所等を利用させる事業<br>・生計困難者に無料・低額な料金で診療を行う事業<br>・生計困難者に無料・低額な費用で介護老人保健施設を利用させる事業<br>・隣保事業<br>・福祉サービス利用援助事業<br>・各社会福祉事業に関する連絡<br>・各社会福祉事業に関する助成 |

（出典）筆者作成

列挙することで範囲が画されている。

　この社会福祉事業は，さらに①**第1種社会福祉事業**と②**第2種社会福祉事業**に二分される（図1-4）。これは，社会福祉事業であることで社会福祉法及び福祉各法の規制が及ぶようになり，しかも第1種と第2種で規制の度合いが異なるためである。具体的には，①第1種社会福祉事業は，入所施設であったり，経済的搾取による人権侵害のリスクが大きい事業であり，強い規制・監督に服する。このため，例えば経営主体は国，地方公共団体及び社会福祉法人によることを原則とし（60条），市町村及び社会福祉法人であれば事前届出制であるのに対して，それ以外の民間事業者が事業を実施するには都道府県知事の許可が必要となる（62条等）。これに対して，②第2種社会福祉事業は，人権侵害のリスクが比較的小さい在宅サービス等の事業であり，比較的弱い規整・監督に服することになる。例えば，国及び地方公共団体以外の者が事業を実施する場合であっても，都道府県知事への事後届出で足りる（69条）。

　このような限定列挙方式であることもあって，社会福祉事業の規制は間隙を生む嫌いがある。第一は，社会福祉類似事業であっても，定義規定に該当しない場合には規制が及ばないことである。いわゆる無認可施設，無届施設等の問題がその典型である。第二は，定義規定自体が裾切りを設けており，入所施設で5人未満，その他事業で原則20人未満といった小規模事業は社会福祉事業から外れることである（2条4項）。

　社会福祉事業に該当する場合には，社会福祉法による施設基準（65条），調査（70条），改善命令（71条）及び許可の取消等（72条）の規制がかかる。しかし社会福祉事業から外れた途端に，福祉各法等が無認可・無届施設に関する規制等を別途設ければ格別，そうでなければ規制がない状態に陥ることになる。

# 第2章

## 社会扶助の規範的基礎

## ● ● ● 第 1 節　社会扶助の規範的基礎 ● ● ●

### 1　憲法規範としての生存権

　社会福祉は，社会保障を構成する制度の柱の一つである。第 1 章でも述べた通り，その社会福祉において，他の社会保障部門と同様に生存権が中核的な規範であることは，憲法 25 条が健康で文化的な最低限度の生活を営む権利（1 項）とともに，「社会福祉」を明示した上で向上・増進義務（2 項）を規定していることからしても明確である。実際，生活保護法は，「憲法第 25 条に規定する理念に基づ」くことを規定しており（1 条），しかも 1 項・2 項を明示せず引用している[1]。そのほかの社会福祉立法では憲法を直接引用していないが，それらが生存権保障に関わることは言うまでもない。

　むしろ重要なのは，生活保護における他法他施策の活用が象徴するように，最低限度の生活保障の実現は生活保護法のみによるわけでないことである。仮に生活保護が最初で最後のセーフティネットとなってしまうことがあれば，その方が問題である。

　生存権保障の制度設計には多様な選択肢があり，最高裁判例が広範な立法裁量を認めてきたことには，それを積極的に評価する意味でも理由がある[2]。実際，生活保護法から老人福祉法が分かれ，更に介護に着目した介護保険法に分化・発展してきたことや，国民皆保険・皆年金が生活保護の相対的比重を下

---

(1)　この点は，国民年金法がその理念規定（1 条）で憲法 25 条 2 項のみを引用しているのと異なる。

(2)　最大判昭和 57 年 7 月 7 日民集 36 巻 7 号 1235 頁（堀木訴訟）

げたことに照らせば，社会保障の重層構造によって生存権保障は担保されていることになる[3]。注意すべきは，社会経済環境の変化や新たな福祉ニーズの登場によって法の欠缺を生じさせないことである。

更に考えるべきは，憲法 25 条 2 項の増進義務とも関係するが，ミニマム（最低）とともにオプティマム（最適）の実現である。つまり，ミニマム（最低）も幅のある概念であるが，オプティマム（最適）には量的のみならず質的側面が重要となってくる。その際，仮に生存権に制度後退禁止原則が適用されるとして，生活保護の場合に当該原則がなじみやすいのに対して，現実の社会保障制度の多くがオプティマムを目指している現在，いかなる水準が許容されるかに係る規範的検討及び制度設計の拠り所が求められる（第 9 章第 3 節 1 (3)も参照）[4]。

## 2 社会扶助の基礎としての連帯 ●　●　・

**連帯**は，社会保険の関係で「**社会連帯**」という理念として登場することがあるが，社会保険の専売特許ではない。実定法上も，身体障害者福祉法（3 条）及び知的障害者福祉法（2 条）は，国民の責務の根底に「社会連帯の理念」があることを明確にしている[5]。このような理解は，戦前に連帯が社会保険よりも社会事業等の関係で人口に膾炙していたこととも整合的である[6]。

とはいえ，理念としての連帯が即社会扶助の権利性を基礎付けることにはならない。この点，連帯のうちでも「**帰属による連帯**」という権利性の契機によって社会扶助は基礎付けられると考える。そもそも社会扶助は，共同体に内在する国民連帯，地域連帯等を制度として組織化したものである。その組織化の際に，社会保険における「**貢献による連帯**」のように拠出と給付の牽連性に

---

(3)　生活保護以外の制度にも最低生活保障に関わる仕組みが埋め込まれている。例えば，児童福祉法の助産の実施のような福祉立法以外に，国民年金の無拠出制の年金のように社会保険立法に社会扶助が規定されることもある。

(4)　制度後退禁止原則については，棟居快行「生存権と『制度後退禁止原則』をめぐって」初宿正典他編『国民主権と法の支配 佐藤幸治先生古稀記念論文集 下巻』（成文堂，2008 年）369 頁以下，内野正幸『法解釈の論理と体系』（日本評論社，1991 年）377 頁以下

(5)　2011 年改正前の障害者基本法も「社会連帯」を規定していたが，改正の際に削除されている。

(6)　拙著『フランス社会保障法の権利構造』（信山社，2010 年）527-533 頁

権利の淵源を求める制度もある。介護保険は，まさに貢献による連帯に依拠している（帰属による連帯と貢献による連帯につき，**総論・保険法第3章第1節2参**照）。

　これに対して，社会福祉の中核をなす社会扶助にあっては，拠出を前提としておらず，共同体への帰属（集団の構成員であること）自体によって権利が発生する。権利発生に対価を伴わない場合があるのは，社会扶助に限った話ではない。さらに，国民であることによって，権利ではなく，逆に対価なしに義務が発生する場合もある。その点では，権利義務関係が常に対価関係を必要とするわけではない。問題はなぜ権利性が付与されるかである。それは国民連帯，地域連帯等の発現である社会扶助においては，連帯の基盤である国，地域等への帰属及びそれによる権利発生がこれら連帯を実現することに繋がるからである[7]。換言するなら，国民連帯，地域連帯等の連帯の実現手段の一つが帰属による連帯ということになる。

　このような社会扶助における連帯を生存権保障との関係で整理すると，帰属による連帯も含めた連帯は，生存権保障を領導する下位規範となる。このことは，要保障性や要保障事由からは即，法技術が確定しないことからすれば，要保障性を権利に昇華させるための法規範が必要となることからも首肯される。

　さらに社会扶助を国民連帯・地域連帯等の連帯類型及び帰属による連帯との関係で位置付けることは，制度を理解する上で有用である[8]。例えば，生活保護等の社会扶助に存在する住所地特例は，財政負担との関係で地域連帯の連環の範囲が関係している。

　このほか，生活保護の補足性の原則，親族扶養優先の原則等も連帯と関係する。生活保護の自立助長の考え方の背後には，生活（維持）自己責任原則があるが，それを超えた先にある帰属による連帯を支える連帯の連環には，家族連帯，地域連帯，国民連帯等があり，その間の優先劣後関係が補足性の原則や親族扶養優先の原則であることになる。すなわち，様々な連帯類型の中にあって，家族連帯（親族扶養優先の原則）や地域・職域連帯（社会保険等の他法他施策）が国民連帯・地域連帯（生活保護）に優先することを補足性の原則は示していることになる。それと同時に，いずれかの連帯が絶対的・排他的な地位を占め

---

(7)　小山進次郎『改訂増補生活保護法の解釈と運用（復刻版）』（全国社会福祉協議会，2008年）301頁

(8)　拙著『社会保障法における連帯概念』（信山社，2015年）109-115頁

るわけではなく，相対的・補完的な関係にあることになる。

## ● ● 第2節 社会福祉の実施責任 ● ●

### 1 生存権保障等との関係 ● ●

社会福祉が**生存権**保障の一環として構築されていることに照らせば，その最終的責任が国にあることは間違いない。しかし，社会福祉の主体となると，更なる検討が必要である。確かに憲法の概念枠組みから言えば，社会福祉も国民（権利主体）と国（責任主体）との間の規範として捉えることができる。その一方で，憲法89条の公の支配に属しない博愛事業への公の財産の支出等の禁止は，博愛事業が社会福祉とは完全に一致しないにせよ，国以外が実施する博愛事業の存在を憲法も前提としていることになる。さらに，具体的権利性を否定する**プログラム規定説**に象徴されるように，社会福祉の実施方法は立法裁量・行政裁量に委ねられており，この点でも国による直接的なサービス提供（直轄事業）が国に義務付けられていると解することは困難である。

しかも，社会福祉においては，地方自治（憲法92条）や地方分権との関係も重要である。なぜなら，社会福祉の実施方法が多様な背景には，

① 住民にとって身近な社会福祉サービスは地方公共団体が担うべき本質的役割でもあり，地方分権との関係が内在していること

② 社会福祉が広がりのある概念であり，サービスの提供方法も必然的に多様になり，地方の様々なステークホルダーとの関係性抜きには語り得ないこと

がある。これを敷衍するなら，

①については，地方自治法1条の2が規定するように，地方公共団体は住民の福祉の増進を担う存在であり，国が全国統一的に実施する必要がある行政（生活保護基準の設定等が典型）を別とすれば，地域の行政を自主的・総合的に実施する役割を担っている。欧州（EU条約5条）で言われる**補完性の原則**（principe de subsidiarité）も同様の考え方に基礎を置く。この点から身近なサービスは身近な行政によって実施されるべきという原則を導き出すなら，社会福祉サービスはその典型となる。

②については，社会福祉法が社会福祉法人を念頭に置いた社会福祉事業のみ

ならず，主体規制等のない「社会福祉を目的とする事業」を射程に取り込み（1条），行政はこれらの経営者とも協力することを責務に規定する（6条）ことからすれば，サービスの提供も多様化するのが必然である。

　このほか，社会福祉には，憲法の個人の尊重（13条），法の下の平等（14条）等の基本的人権にも深く関わる。このように生存権保障は，規範体系の中の孤島ではなく，他の人権保障規定と相互に関係を有することによって人権保障の実を挙げることが可能となると考える。

## 2　社会福祉の組織 ● ● ●

### （1）社会福祉サービスの特徴

　社会福祉の給付においては，児童手当等の現金給付も存在するが，サービス等の現物給付がその中核をなす。専門職等の人手を介してその場で提供され消費される福祉サービスは，無形性，同時性，異質性等の特徴があり，物の生産とは同列に論じ得ず，しかも提供者と利用者には情報の非対称性があることから，法による介入が必要となる。その結果，社会福祉サービスは，市場原理のみに依拠し得ない**準市場**において提供されることになる。

　とは言え，健康や生命に直結する医療等の衛生規制と異なり，「社会福祉を目的とする事業」（社福法1条）の全てを許認可制度の下に置き，行政が指導監督等を通じて管理する必要はない。また，福祉の増進等の観点からも，規制的手法が常に望ましいわけではない。従って，福祉多元化のような多様な主体による福祉サービスの提供やその間の連携・協働は，法的にも妥当性を有していることになる。

　この結果，現実の社会福祉においては，ステークホルダーの間に多様な法関係が発生し，法的にも許認可のみならず補助金等の奨励策も含めた多様な法技術が登場することになる。とりわけ，サービス提供の主体，プロセス管理も含めたサービスの組織の在り方が社会福祉を考える上で決定的重要性を有する。

### （2）社会福祉の主体

　社会福祉に関わる主体については，サービスが利用者に到達するまでの展開という観点から，それぞれの役割に応じて次のように分類することが有益である。

　① **政策主体**　制度の企画立案に当たる国・地方公共団体である。

② **経営主体**　政策の実施段階において社会福祉事業の経営に当たる国・地方公共団体，社会福祉法人，NPO，株式会社等である。

③ **実践主体**　福祉サービスの利用者へのサービスの提供に当たる社会福祉専門職等の人材である。

　このことは，生存権保障が政策主体である国・地方公共団体から経営主体，実践主体を経て実現していくことを意味する。その際，国・地方公共団体が政策主体と経営主体の両方に関わることが示すように，この問題は社会福祉における公的責任論，公私協働論又は公私役割分担論といった公私論から捉えることができる。すなわち，戦後の占領政策の中で打ち出されたGHQの福祉三原則のうちの公的責任の原則による**公私分離原則**（1946年SCAPIN775）とその後の歴史的展開に目を向ける必要があるが，公的責任論が政策主体としての国・地方公共団体の企画立案の責任を含むことは当然として，果たして経営主体としての直接執行まで意図しているかによって結論が変わってくる[9]。しかも，民間による社会福祉の存在を否定しないとすれば，公私の間には相互の役割分担や協働のような関係性が生じるのは必然である。この点の折り合いについては，社会福祉法（61条）が公私の責任の責任転嫁等の禁止，民間社会福祉事業の自主性の尊重，民間社会福祉事業の独立性の維持を準則として規定した（同1項）上で，行政が民間に社会福祉サービス提供を委託することができることを入念的に規定している（同2項）。

　従って，少なくとも実定法上は，サービスの経営主体に関する限り，行政と民間は相互の責任を明確にしながら，また相互に協働・連携しながら福祉の増進を実現していくべきことが法の前提であると言える。

## ●　●　第3節　政　策　主　体　●　●　

### 1　行政の重層構造　●　●

　社会福祉の政策主体として関係する行政組織には，国では厚労省以外に内閣府（子ども・子育て支援法，児童手当法，障害者基本法，高齢社会対策基本法等の

---

[9]　公的責任論については，江口隆裕『社会保障の基本原理を考える』（有斐閣，1996年）11頁以下

図2-1　行政の3層構造の概観

| | 国 | 都道府県 | 市町村 |
|---|---|---|---|
| 労働保険 | 労働保険の徴収・給付 | | |
| 年金 | 国民年金の徴収・給付<br>厚生年金の徴収・給付 | | |
| 医療保険 | 全国健康保険協会の給付・日本年金機構の徴収 | 後期高齢者医療の給付<br><br>医療計画の策定 | 国民健康保険の徴収・給付<br>後期高齢者医療の徴収 |
| 福祉・介護 | 介護保険の基本方針の策定<br>障害者基本計画の策定 | 介護保険事業支援計画の策定<br>都道府県障害者計画の策定<br>障害児福祉（施設）<br>精神保健 | 介護保険事業計画策定・徴収・給付<br>市町村障害者計画の策定<br>保育<br>障害児福祉（在宅）<br>身体障害者福祉<br>知的障害者福祉<br>精神障害者福祉 |

（出典）筆者作成

図2-2　分野別の主な政策主体

| 労働 | 国等 |
|---|---|
| 年金 | 国等 |
| 医療 | ①医療提供体制：都道府県<br>②医療保険：<br>　・後期高齢者医療は都道府県単位の広域連合<br>　・国民健康保険は市町村及び都道府県<br>　　＊平成30年度から県単位に広域化<br>　・職域保険は全国健康保険協会，健康保険組合等 |
| 福祉・介護 | 市町村等 |

（出典）筆者作成

所管）等が存在する。また，身近なサービスである社会福祉にあっては，他の社会保障分野と比べても，都道府県，市町村等の地方公共団体が果たす役割が

大きい（図 2-1，図 2-2）。この国と地方公共団体との間には，上下関係はない。また，地方公共団体の間も，都道府県が広域自治体，市町村が基礎自治体という違いがあるに止まる（自治法 2 条 3・5 項）。なお，市の中には，指定都市及び中核市があり，社会福祉に関する限り，都道府県とほぼ同じ位置付けがなされている。

　これら都道府県，市町村等の**普通地方公共団体**以外に社会福祉に関係の深い**特別地方公共団体**として特別区，一部事務組合，広域連合等が存在している（自治法 281 条以下）。このうち特別区は東京 23 区であり，基本的に市町村と同じ扱いである。また広域連合は，介護保険法の保険者として活用されている。

　国と地方公共団体の関係は，かつて機関委任事務の時代には上下関係に近い関係性が存在していた。しかし，1999 年の地方分権一括法による改革で事務が**法定受託事務**と**自治事務**に再編された地方公共団体は，地域における事務等で法律等により処理することとされているものを処理する（自治法 2 条 2 項）が，このうち法定受託事務以外が自治事務と定義されている（同条 8 項）。社会福祉関係の事務の大半は自治事務とされており，国が本来果たすべき役割に係るものであって，国においてその適正な処理を特に確保する必要があるもののみが法定受託事務とされている。代表例としては，ナショナルミニマム保障である生活保護の事務の大半，法人法制としての社会福祉法人の認可事務，現金給付である児童扶養手当・特別児童扶養手当・児童手当のような事務がある。

## 2　専門組織 ●　●　●

　社会福祉分野では，その固有の専門性から，以下のような第一線の行政機関が地方公共団体に置かれることがある。

### （1）福祉事務所

　**福祉事務所**は，「福祉に関する事務所」として社会福祉法（14 条等）に規定されており，福祉六法に定める援護，育成又は更生の措置に関する事務を司る第一線の社会福祉行政機関である。地方公共団体のうち都道府県及び市は必置であるが，町村は任意設置である。また，地域保健法に基づく**保健所**と一体的に保健福祉センター等の名称で設置されている場合もある。

　経緯的には，戦前から 1951 年までは市町村が社会事業行政の窓口であったが，社会福祉の専門性と均一的な事務処理の要請から設置されたものである。

　現在の業務は，都道府県事務所の場合には，生活保護の実施，老人福祉サー

ビスの広域的調整，助産施設・母子生活支援施設の入所事務，母子家庭等の相談・調査・指導等であり，市事務所の場合には，生活保護の実施，特別養護老人ホームの入所事務，助産施設・母子生活支援施設・保育所の入所事務，母子家庭等の相談・調査・指導等である<sup>(10)</sup>[10]。

福祉事務所には，所長のほか査察指導員，現業員等が配置され，査察指導員以下の職員は社会福祉主事が要件となっている。

## （2）児童相談所

**児童相談所**は，児童福祉法に基づき都道府県及び指定都市等に設置される専門機関であり，児童福祉施設入所措置，児童相談・調査・判定・指導等，一時保護，里親委託等を担う（児福法 12 条，59-4 条等）。また，児童虐待等の増加・深刻化に伴い，児童家庭相談等を担うことになった市町村等の支援をはじめ，関係機関との連携も重要な業務となっている。

児童相談所には，所長のほか児童福祉司（児福法 13 条）等の専門の職員が配置される。さらに，法律的な知識経験を必要とする業務への対応のため，弁護士の配置等を行うこととされている（児福法 12 条 3 項）。

## （3）身体障害者更生相談所・知的障害者更生相談所

いずれも都道府県及び指定都市に設置される専門機関である。**身体障害者更生相談所**（身障法 11 条）の場合には，身体障害者更生援護施設入所調整，身体障害者への相談・判定・指導を，また，**知的障害者更生相談所**（知障法 12 条）の場合には知的障害者援護施設入所調整，知的障害者への相談・判定・指導を実施することになっている。この身体障害者更生相談所及び知的障害者更生相談所には，それぞれ身体障害者福祉司，知的障害者福祉司が配置される。

## （4）婦人相談所

**婦人相談所**はもともと売春防止法（34 条）により都道府県に 1 カ所設置された専門機関であったが，現在，配偶者からの暴力の防止及び被害者の保護等に

---

(10) 1991 年の福祉八法改正により，老人福祉法，身体障害者福祉法の施設入所等措置事務等が都道府県から市町村へ移譲され，2003 年からは知的障害者福祉等に関する事務も市町村に移譲されている。この結果，県福祉事務所と市福祉事務所の役割も変わってきている。

関する法律（以下「配偶者暴力防止法」という）3条の**配偶者暴力相談支援センター**としての位置付けも付与することが可能になっている。この結果，婦人相談所の任務には，要保護女子及び暴力被害女性の相談・判定・調査・指導等，またその関係の一時保護を実施することも含まれている。婦人相談所には婦人相談員が配置され，関係機関との連携の下相談・指導等の業務に当たっている。

## ● 第4節　経 営 主 体 ● ●

### 1　意　義 ● ●

　経営主体を考える場合には，継続企業としての**ゴーイングコンサーン**（going concern）が関わってくる。これは，企業が将来にわたり無期限に事業を継続することを前提とする考え方である。具体的には，企業は，資金を調達し，その資金を投資し，そこから収益をあげるという循環の中で営みを継続する必要がある。このゴーイングコンサーン（継続企業）の前提は，営利性の有無には関係ないことから，社会福祉を考える場合にも有用である。すなわち，営利企業と同様に又はそれ以上に社会福祉サービスが安定的・継続的に提供されることが社会の要請である。

　ところが社会福祉の場合には，措置が典型だが資金調達が経営主体と分離されたり，公設民営のように設置主体と運営主体が分離されたり，更には非営利原則により収益の分配が禁止されたりする点で，一般の企業活動とは相違している。それだけに，経営主体の在り方とそのゴーイングコンサーンの実現は社会福祉にとって大きな課題である。

　伝統的な社会福祉法制は，社会福祉法人に関する法人法制，事業に関する主体規制及び許認可を中心に構築されており，とりわけ措置制度の下では，ゴーイングコンサーンを意識する必要性は低かった。しかし，社会福祉が社会保険化又は個人給付化され，施設整備補助ではなく減価償却の形で施設の更新を進める必要がある中で，社会福祉の経営主体はゴーイングコンサーンを迫られることになる。

　さらに，そのような時代の変化は，経営主体の多様化をもたらすことになる。

## 2　主体の概観　●　●　●

　地域住民の生活に密着した社会扶助（現金給付又は現物給付）の特徴は，法定受託事務（例えば生活保護）又は自治事務（例えば福祉各法の措置等）のいずれであっても，住民に身近な地方公共団体（の長）が実施団体・機関となっていることにある。

　また，社会福祉サービスは，衛生警察としての規制が及び得る保健医療の分野と異なり，個人，NPO 等も含めた関係者による自主的・自発的な取組みの余地が大きい分野である。その中にあって社会福祉法で限定列挙された第 1 種社会福祉事業及び第 2 種社会福祉事業（第 1 章図 1-4 参照）に該当する場合，特別の規制に服することになる。このうちの第 1 種社会福祉事業に関しては，実施主体が原則として国，地方公共団体又は社会福祉法人に限定されており，更に社会福祉法人の場合には，施設を設置するに当たって事前届出が義務付けられている。これに対して，第 2 種社会福祉事業の場合には，実施主体に関する制限はないが，国又は地方公共団体以外の実施主体に対しては事後届出が義務付けられている。なお，社会福祉関係法において社会福祉法は一般法であり，特別法としての社会福祉各法が別途規制を設ける場合（例えば，第 2 種社会福祉事業である保育所については児童福祉法により届出ではなく認可が必要）には，そちらが優先する。

　いずれの実施機関が社会扶助を実施するかに関しては，第一義的には居住地の地方公共団体であり（**居住地主義**），それによりがたい場合に補完的に現在地の地方公共団体が責任を負うことになる（生保法 19 条 1・2 項，身障法 9 条 1項，知障法 9 条 1 項，老福法 5-4 条 1 項，障支法 19 条 2 項等）。

　社会福祉サービスに要する費用については，受給者の居住地の地方公共団体が支弁するのが原則である。しかしながら，施設等が集中する地方公共団体の負担が過重となることから，生活保護法（19 条 3 項），身体障害者福祉法（9条 2 項），知的障害者福祉法（9 条 2 項），老人福祉法（5-4 条 1 項），障害者総合支援法（19 条 3・4 項）等の場合には，入所前に受給者が居住・現住していた地方公共団体が負担するという**住所地・居住地特例**が設けられている[11]。なお，同様の制度は社会保険にも見られる（**総論・保険法第 2 章第 2 節 2 (6)**）が，

---

(11)　小山進次郎『改訂増補生活保護法の解釈と運用（復刻版）』（全国社会福祉協議会，2008 年）313-314 頁

その端緒となったのが生活保護法である。

　以上を要するに，伝統的な社会扶助においては，実施責任を負う地方公共団体等の第一義的な委託先として社会福祉法人が位置付けられてきた。そのため，措置委託費の支払先である社会福祉法人に対しては，時に社会福祉法の社会福祉事業に関する規制よりも厳しい規制が特別法としての社会福祉各法によって課せられることにもなってきた。言ってみれば，地方公共団体を核として，その住民と行政の代行法人的な性格の社会福祉法人との間で的確に措置が実施され，措置費が流れるように社会扶助が組織化されてきたことになる。

## 3　設置主体と運営主体　●　●　●

　**経営主体**は多面的に捉え得るが，サービス提供開始までとその後の運営に二分するなら，**設置主体**と**運営主体**に大きく分けることができる（図2-3，図2-4）。もちろん，施設を伴うような場合には，計画，設計，建設等の局面で色々な主体が関わるのが普通であるし，運営段階でも部分的に運営が外注されることがある。ただ，財政面でもイニシャル・コストとランニング・コストに分かれるように，まずは設置主体と運営主体に分類することが有用である。

　さらに主体における公（国・地方公共団体）・私（民間）の別を加味すると，①公設公営，②公設民営，③民設公営，④民設民営（民営化）のマトリックスとなる。このうち①は直営であり，社会福祉の責任主体が実施主体となり，サービスの運営も含め直轄となる。次に④は，民営化も含めた民間事業であり，責任主体である国・地方公共団体は財政面での補助等で接点を持つことになる。ここで問題となるのは，PFI（Private Finance Initiative）と略称されるプライベート・ファイナンス・イニシアティブのような官民連携である。PFIの場合，運営期間中又は終了後に施設の帰属が公の場合もあるが，基本的に民間が整備した施設等を民間が運営することから，④に含まれると言えよう。これに対して，②の公設民営及び③の民設公営は，設置者管理主義を採る幼稚園で許容されていないのと異なり，保育所等の社会福祉では見られる方式である。例えば，民間整備（PFI）の保育所の市町村による買収・運営である。

　ここで注意すべきは，特殊法人，独立行政法人等の公法人の設立によるほか，国・地方公共団体は出資によっても法人に関与できることである。この手法の典型が，地方公共団体の出資による第三セクターや地方公共団体が設立した社会福祉事業団であり，出資等の資本関係や指導監督権限等を通じて行政に深く

図 2 - 3　サービス別の設置主体

| 分野 | 施設等 | 設置主体 | 財源 |
|------|--------|----------|------|
| 児童 | 保育所 | 地方公共団体，社会福祉法人，日赤，学校法人，株式会社等 | 子ども・子育て支援給付費 |
| | 児童福祉施設 | 国，地方公共団体，それ以外 | 委託費 |
| 障害者 | 指定障害福祉サービス事業者，指定障害者支援施設 | 法人 | 介護給付費 |
| 生活保護 | 保護施設 | 地方公共団体，地方独立行政法人，社会福祉法人，日赤 | 委託費 |
| 高齢者 | 特別養護老人ホーム | 地方公共団体，地方独立行政法人，社会福祉法人，日赤，厚生農業協同組合 | 介護給付費 |
| | 養護老人ホーム | 地方公共団体，社会福祉法人 | 運営費補助（一般財源）（＋介護給付費） |
| | 軽費老人ホーム | 地方公共団体，社会福祉法人，都道府県知事許可を受けた法人 | 事業費補助（一般財源）（＋介護給付費） |
| | 有料老人ホーム | 限定なし | （介護給付費） |
| | 認知症高齢者グループホーム | 限定なし | 介護給付費 |
| | ショートステイ，デイサービス | 地方公共団体，社会福祉法人，法人格を有する者 | 介護給付費 |
| | 老人保健施設 | 地方公共団体，医療法人，社会福祉法人，その他厚労大臣が定める者 | 介護給付費 |

（出典）筆者作成

関わる[12]。

_____

(12)　社会福祉事業団は，「社会福祉事業団等の設立及び運営の基準について」（1971 年 7

### 図2-4 設置主体と運営主体の関係

○公設（設置主体）であっても，公営と民営（公設民営）がある。

| 設置主体 | | 運営主体 | |
|---|---|---|---|
| | | 公営 | 民営 |
| | 公設 | 公立保育所<br>・都道府県立保育所<br>・市町村立保育所 | 公設民営保育所<br>・社会福祉法人運営<br>・公益法人運営，日赤運営<br>・株式会社運営<br>・その他 |
| | 民設 | 民設公営保育所 | 民間保育所<br>・社会福祉法人立<br>・公益法人立，日赤立<br>・株式会社立<br>・学校法人立<br>・NPO法人立<br>・宗教法人立<br>・個人立 |

（出典）文部科学省中央教育審議会初等中等教育分科会幼児教育部会（第10回）平成16年3月12日資料
（http://www.mext.go.jp/b_menu/shingi/chukyo/chukyo3/008/siryo/04031501/002/001.htm）

　このほか公設施設において重要な仕組みとして，2003年の地方自治法改正により導入された**指定管理者制度**がある。これは，議会の関与の下でサービスにふさわしい事業者を指定する制度であり，価格による競争入札とも異なる（図2-5）(13)。経緯的には，改正前の「管理委託制度」が管理主体を出資法人，公共団体（地方公共団体等），公共的団体（社会福祉法人等）に限定していたた

---

　月16日付社庶第121号厚生省社会局長・児童家庭局長通知）に基づき設立された社会福祉法人の呼称である。通知上は，「地方公共団体が設置した施設の委託先は社会福祉事業団を原則とする」となっている。その後の地方分権，規制改革等を反映する形で現在では，「社会福祉事業団等の設立及び運営の基準の取扱いについて」（2002年8月21日雇児発0821001・社援発0821001・老発0821001）により，「公設施設の経営の効率化や地域の実情に応じた対応を可能とするため，特段の要件を付することなく，委託先を選定すること等ができる」とされている。

(13)　総務省ホームページ（http://www.soumu.go.jp/main_sosiki/jichi_gyousei/bunken/gaiyou.html）

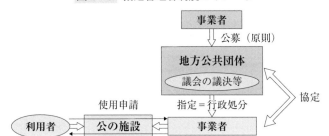

図2-5　指定管理者制度のイメージ

（出典）筆者作成

めに，それ以外のNPOも含めた民間事業者に委託できなかったことを踏まえ
て改正・導入された仕組みである。この改正により，法人その他の団体であれ
ば民間も管理可能となり，公の施設の管理主体が民間事業者，NPO法人等に
広く開放されることになった[14]。対象となる施設について，①住民の利用に

---

(14)　指定管理者制度の目的は，①民間事業者の活力を活用した住民サービスの向上，②
　　施設管理における費用対効果の向上，③管理主体の選定手続きの透明化にあり，制度の
　　仕組みは，次のとおりである（http://www.soumu.go.jp/main_sosiki/jichi_gyousei/bunken/
　　gaiyou.html）。
　a. 条例の制定
　・公の施設の目的を効果的に達成するため必要がある場合は，条例の定めるところによ
　　り，法人その他の団体を指定管理者とし，公の施設の管理を行わせることができる。
　・公の施設において指定管理者制度を導入することとした場合に条例で定めるべき事項
　　は，指定の手続（申請，選定，事業計画の提出等），管理の基準（休館日，開館時間，
　　使用制限の要件），業務の具体的範囲（施設・設備の維持管理，使用許可）である。
　b. 指定の方法
　・a. の条例に従い，指定の期間等を定め，議会の議決を経て，指定管理者を指定するこ
　　とになる。
　c. 利用料金制
　・公の施設の利用に係る料金を指定管理者が自らの収入として収受することができる。
　d. 事業報告書の提出
　・指定管理者に指定された団体は，毎年度終了後，事業報告書を提出しなければならな
　　い。
　・これにより，管理業務の実施状況や利用状況，管理経費等の収支状況等，管理の実態
　　を把握することになる。
　e. 地方公共団体の長による指示，指定の取消し，業務の停止

供するためのもの，②住民の福祉を増進する目的をもって設けるもの，③地方
公共団体が設けるもの，④施設であることが要件となっており，老人福祉セン
ター，保育所，障害者自立支援センター，病院，総合福祉センター，児童館，
リハビリテーションセンターなどの福祉関係施設も入ってくる。

## 4　社会福祉法と福祉各法との関係　● ●

社会福祉法は，
① 第1種社会福祉事業の設置主体について，原則として国，地方公共団体，
　 社会福祉法人とし，それ以外の者には事前許可を義務付けている一方，
② 第2種社会福祉事業について，設置主体の制限はなく，事後届出だけで足

図2-6　社会福祉事業と福祉各法の規制の程度

| | 福祉各法の規制あり | 福祉各法の規制なし |
|---|---|---|
| 第1種社会福祉事業 | 規制が最も強い | 規制が強い |
| 第2種社会福祉事業 | 規制が強い | 規制が最も弱い |

(出典) 筆者作成

図2-7　社会福祉法と福祉各法との関係

一般法（社会福祉法）⇔特別法（福祉各法）

| | 実施主体 | 許認可 |
|---|---|---|
| 第1種社会福祉事業 | 原則として国，地方公共団体，社会福祉法人 | （施設）<br>・市町村・社会福祉法人は都道府県知事への事前届出<br>・国・都道府県・市町村・社会福祉法人以外は都道府県知事の事前許可<br>（施設以外）<br>・市町村・社会福祉法人は都道府県知事への事後届出<br>・国・都道府県・市町村・社会福祉法人以外は都道府県知事の事前許可 |
| 第2種社会福祉事業 | 制限無し | 国・都道府県以外は都道府県知事への事後届出 |

(出典) 筆者作成

りるとしている。

　しかし，一般法としての社会福祉法に対して，特別法としての福祉各法がこれと異なる規制を課すことが見られる（図2-6，図2-7）。例えば，生活保護法の保護施設については，都道府県・市町村・地方独立行政法人以外には，知事の事前認可を得た社会福祉法人・日赤でなければ設置ができない。また，児童福祉法の保育所については，都道府県・市町村以外の者が設置する場合は，知事の認可が必要となる。この結果，規制の程度から言えば，第1種社会福祉事業でありながら福祉各法の規制がない場合（授産施設等）には，福祉各法が規制する第2種社会福祉事業（保育所等）と比べて，規律密度が低いこともあり，規制の程度が強いとは言いにくい状況が発生する。

## 5　社会福祉法人 ●　●　●
### （1）法人の意義

　**法人**は，法人法定主義と言われるように法律によってつくられた人であるが，自然人とともに権利義務の主体となり得る（民法34条）。実際，民法（33条）が生来の権利義務の主体である「人」（第2章）の次に「法人」（第3章）を規定するのも，その現れであろう。ただ，法人の設立，組織，運営及び管理は民法等の法律に規定される（33条2項）とともに，その権利義務も法人の目的の範囲内に制限される（34条）など，自然人と異なる面がある。逆に言えば，法人の有り様は，極端な話，法律次第ということになり，現実に多様な法人が社会福祉にも関わってくる（図2-8）。

　かかる法人の特色は，法人法制の多様性に繋がっている。基本類型としては，構成員である人の集合体である**社団**と財産の結合体である**財団**とがある。また，法人の性格・目的という点では，**営利法人**と**非営利法人**に分かれる。この場合の営利性は，利益・収益を上げることではなく，それを配当，残余財産の帰属等を通じて構成員に分配することである[15]。従って，非営利法人においても，収益を上げ，それを内部留保や再投資により事業の発展に繋げることは否定されない。むしろ，ゴーイングコンサーンの考え方に適合する。この営利・非営利と混用される可能性があるのが，私益・公益である。公益については，民法

---

(15)　社団の場合には，法人の構成員・出資者の持分が存在する場合があり，その関係で配当が重要となる。

図2-8　各種法人制度の比較

| | 社会福祉法人 | 医療法人 | 公益社団・財団法人 | 一般社団・財団法人 | NPO法人（特定非営利活動法人） | 株式会社 |
|---|---|---|---|---|---|---|
| 目的等 | 社会福祉事業を行うことを目的とする法人 | 病院，常勤医師等の診療所，老人保健施設・介護医療院を開設する法人 | 公益目的事業を行う一般社団・財団法人で行政庁による公益認定を受けた法人 | 剰余金の分配を目的としない社団・財団 | 特定非営利活動を目的とする法人 | 商行為を行うことを業とする目的をもって設立した社団 |
| 設立規制 | 所轄庁の認可 | 都道府県知事の認可 | 行政庁の公益認定 | 登記 | 所轄庁の認証 | 公証人の定款認証等 |
| 資金調達 | 寄付・補助金 | 寄付・会費・補助金 | 寄付・会費等 | 寄付・会費等 | 寄付・会費等 | 株式・社債発行 |
| 出資持分 | なし | なし＊経過的に持分あり社団 | なし | なし | なし | あり |
| 残余財産 | 帰属すべき者等 | 帰属すべき者等＊個人（出資者）を除く | 定款の定め | 定款の定め | 定款の定め | 株主 |
| 類型 | 非営利 | 非営利 | 非営利 | 非営利 | 非営利 | 営利 |

（出典）平成26年8月27日第1回社会保障審議会福祉部会参考資料2を参考に作成。

が「学術，技芸，慈善，祭祀，宗教その他の公益を目的とする法人」（33条2項）と規定するほか，特定非営利活動促進法が「不特定かつ多数のものの利益の増進に寄与すること」（2条）を特定非営利活動の要件の一つにしている。これらの規定に照らすなら，法人法制に関する限り，不特定多数の利益が公益のメルクマールであり，福祉も公益に入ると考えられる[16]。

　社会福祉関係の法人の設立には，何らかの人の行為が介在する。このうち行

政等の関与が全くない自由設立主義はなく，その関与の強弱や性格に応じて，特許主義，許可主義，認可主義，認証主義，準則主義に分けることができる。また，ゴーイングコンサーンとしての法人にとって，そのガバナンス（統治）が重要となり，社団であれ財団であれ，事業を管理運営する理事，理事会，監事等の機関が必要となる。

### （2）社会福祉法人

**社会福祉法人**は，「社会福祉事業を行うことを目的として……設立された法人」（社福法22条）である。設立に当たっては所轄庁（都道府県知事・指定都市市長・中核市市長等）の認可が必要であり，登記によって成立する（図2-9）。

社会福祉法人制度は，1951年の社会福祉事業法制定の際に導入され，現在，社会福祉事業の原則的経営主体として，国・地方公共団体と並ぶ位置付けが付与されている（社福法60条）。このように特別な公益・非営利法人を創設した背景には，社会福祉をめぐる公私関係の問題が存在する。すなわち，社会福祉は，公による不当な関与を排し，民間の自主性を重んずることを準則の一つとしている（社福法61条1項）が，その一方で社会福祉事業規制を設けるなど公的関与や支援が求められる分野である。ところが，憲法に「公の支配に属しない慈善」又は「博愛の事業」への公金支出禁止規定が存在しており（89条），当時の公益法人が「公の支配」との関係で疑義があったことから，より強い規制に服する法人として社会福祉法人が創設された。その点で社会福祉法人に対しては，税制上も基本的に非課税とされるなど各種優遇措置が設けられている。

社会福祉法人は，第1種及び第2種社会福祉事業のほか，社会福祉と関係する公益事業及び社会福祉事業・公益事業に充てるための収益事業を行うことができる（26条）。この点は，収益事業が原則認められていない医療法人と比べた場合の社会福祉法人の特徴であり，収益性が低いことの反映でもある。

社会福祉法人の本旨である公益性の追求は，社会福祉法において，

① 経営の原則等として，公費負担のないサービスであっても無料・定額料金での提供による支援を通じて地域での公益的な取組を実施することが努力義務となっていること（24条2項），

---

(16) 公益性と非営利性の関係等については，拙稿「社会福祉法人法制についての一考察」法政研究68巻1号（2001年）68頁

図 2-9　社会福祉法人の概観（平成 28 年法改正後）

| 目的 | 社会福祉事業を行うことを目的とする法人（名称制限） |
|---|---|
| 設立要件 | 社会福祉事業を行うのに必要な資産（原則都道府県知事認可）<br>＊認可の後の登記の完了により法人としては設立 |
| 機関 | 評議員，評議員会，理事，理事会，監事 |
| 役員（理事・監事） | 定数：理事 6 人以上（評議員会が選任，理事長は理事会で選定，業務執行理事の選定可能）<br>　　　監事 2 人以上（評議員会が選任）<br>任期：2 年以内 |
| 理事会 | 必置，決定機関 |
| 評議員会 | 必置，議決機関<br>定数：理事の数より大<br>任期：4 年 |
| 会計監査人 | 一定規模以上の法人は必置，それ以外は任意 |
| 出資持分・配当 | なし |
| 残余財産の処分 | 定款の定めによる<br>＊定款の定めにより処分されない財産は，国庫に帰属 |
| 指導監督 | 大臣・都道府県知事等による立入検査，勧告・公表，措置命令・業務停止命令，役員解職勧告・解散命令等 |
| 情報公開 | 事業報告書，決算書類，現況報告書，定款等の備置・閲覧，決算書類等の公表 |
| 税制 | 法人税：原則非課税，収益事業課税<br>都道府県民税：原則非課税，収益事業課税<br>市町村民税：原則非課税，収益事業課税<br>事業税：原則非課税，収益事業に課税<br>固定資産税：社会福祉事業の用に供する固定資産は非課税 |

（出典）筆者作成

② 必要以上の内部留保がある場合に社会福祉充実計画の策定及びこれに基づく社会福祉充実事業の実施を義務付けていること（55-2 条等）

にも色濃く出ている。視点を変えると，これら事業等は地域福祉に関わるものも多いことから，社会福祉法人が地域福祉において一層の役割を果たすことが期待されていることにもなる。

　このほか，社会福祉法人におけるガバナンスは，社会福祉法人が社員を擁す

る社団形態ではなく，基本的に財団形態の非営利法人であるだけに重要である。つまり，チェックアンドバランス（牽制機能）をいかに確保するか工夫が必要となる。そのため，社会福祉法人には機関として，**評議員**，**評議員会**，**理事**，**理事会**及び**監事**が置かれる（社福法 36 条）。このうち評議員は，諮問機関であったものが 2016 年改正により必置の議決機関とされ，理事会への牽制機能を果たすべく，評議員会において役員等の選任・解任，定款変更，決算承認等が決定されることになった。このため，評議員は**善管注意義務**を負っており，債務不履行による損害賠償責任が発生する可能性がある。これに対して，役員は理事及び監事である。理事は，職務に関して**忠実義務**を負っており，理事会を通じて法人の業務執行の決定等を適正に実施していく必要がある。理事のうち理事会により選定される**理事長**は，法人の業務執行を担うことになる。監事は，理事の職務執行の監査等を担う。なお，定款の定めにより**会計監査人**を置くことができるが，一定規模以上の法人では必置である。

　社会福祉法人の大半は施設経営法人であるが，社会福祉協議会，共同募金会等も社会福祉法人である。また，2020 年改正法により，社会福祉法人等相互の業務連携を推進する社会福祉連携推進法人制度が規定される。社会福祉法人を中核として設立される**社会福祉連携推進法人**は，地域福祉推進に係る取組の共同支援等を行う一般社団法人である（社福法 125 条）。

## （3）その他の法人等

　社会福祉法人以外の法人としては，**特定非営利活動法人**（NPO 法人），いわゆる**公益法人**（一般社団法人・一般財団法人及び公益社団法人・公益財団法人），**医療法人**，協同組合（農業協同組合，生活協同組合等）等がある。また，介護保険導入を契機として株式会社等の営利法人の比重も高まっている。

　このうち社会福祉法人との関係で留意を要するのは医療法人である。医療法人は，医療における資金集積を容易にするための法人制度であり，病院，診療所及び老人保健施設の運営を目的とする（医療法 39 条）。また，医療自体は収益性があることから，社会医療法人のような例外を除き，収益事業は禁止されており，附帯業務も本来業務に支障がない限りで限定列挙された業務のみを行うことができる（42 条）。このうち社会福祉に関連するのは，厚労大臣が定める社会福祉事業，有料老人ホーム等である。

　また，NPO 法人の役割も大きいが，NPO 自体は法人格の取得が義務付けら

れているわけではない。法人格という点では，市民団体，自治会・町内会のように必ずしも法人ではないものも社会福祉にとっては重要な社会資源である。

　全体として言えることは，措置制度の時代には，社会福祉法人を中核とした主体規制が重要であったが，介護保険や社会福祉基礎構造改革以降，営利法人等の民間参入が進む一方，NPO 等の活動も盛んになるなど福祉多元化が進んできている。こうした時代にあっては，主体規制よりも，利用契約を前提とした事業者の指定制度において指定基準等の遵守義務を課すなどの行為規制や，第三者評価等によるプロセスアプローチ等の重要性が増している。また，一法人一施設に象徴される施設管理モデルではなく，法人の理念，ミッション等に裏打ちされた法人経営モデルによる質，効率性等の視点が重要となってくる。

## ● ● 第5節　実 践 主 体 ● ● ●

### 1　社会福祉の専門性 ● ● ●

　社会福祉のうち現物給付であるサービスは，労働集約的な分野であり，人手を介して提供されることが特徴である。このため，いかなる経営主体がサービスの提供を担うとしても，実際のサービス提供に従事する専門職等の人材，すなわち**実践主体**を必要とする（第4章図4−1も参照）。

　社会福祉分野の専門職制度は，医療分野に比して歴史が浅い。しかも，医師等の医療専門職が**名称独占**のみならず**業務独占**となっているのに比べると，国家資格である専門職であっても，基本的に名称独占に止まる。これは，無資格者の業を禁止することにより生命・安全を確保するという衛生目的を有する医療と異なる点である。つまり，社会福祉は，社会福祉法の第2種社会福祉事業や社会福祉を目的とする事業に象徴されるように行為自体が元来禁止される性格のものではないためである。従って，規制よりも助成・奨励的なアプローチになじみやすい。例えば資格の場合であれば，一定の専門性を備えた専門家であるという意味での品質保証の証として名称独占の資格を付与し，有資格者を増やすことによって社会福祉の専門性を高めていくことがある。

　ところで，社会福祉の専門性を考える上で参考となるのは，労働基準法（14条）である。その中で，契約期間等に関して，「労働契約は，期間の定めのないものを除き，一定の事業の完了に必要な期間を定めるもののほかは，3年を

超える期間について締結してはならない」としつつ，この原則に対する例外として，「専門的な知識，技術又は経験（以下この号において「専門的知識等」という。）であつて高度のものとして厚生労働大臣が定める基準に該当する専門的知識等を有する労働者（当該高度の専門的知識等を必要とする業務に就く者に限る。）との間に締結される労働契約」は上限を 5 年と規定している。

　このことからすれば，専門性にとって，高度な専門的知識・技術・経験は重要である。この他の点も含めると，専門性の要件としては，体系的理論（Systematic Theory），権威（authority），コミュニティの承認（Community Sanction），倫理綱領（Ethical Codes），文化（A Culture）が挙げられる[17]。ここから，専門性にとって学問的・実践的な深化とともに，社会的サンクションとしての資格制度化が重要となることがわかる。もちろん，その一方で，慈善との関係性からしても，社会福祉にとってボランティア，民生委員，住民等の専門職以外の役割も重要であり，専門家支配やそのパターナリズムには注意する必要があることになる。

## 2　福祉職の種類　● ● ●

### （1）資格の類型

　資格は，様々な観点から類型化できる。例えば，名称，資格付与手続・要件等が法律に規定されている**国家資格**（社会福祉士，介護福祉士，精神保健福祉士等）に対して，民間団体等が独自に設けている**民間資格**（福祉住環境コーディネーター等）がある。また，前述のように無資格者の業務・行為を禁止する規定により業務独占（医師等医療関係）が認められている資格と，無資格者による名称使用を禁止する規定により名称独占（福祉関係）が認められている資格に分類することもできる。

　このほか，特定の職位・職務に従事するために必要となる資格としての**任用資格**がある。社会福祉関係では，社会福祉事務所等の社会福祉主事，児童相談所の児童福祉司など多くの任用資格が存在する。

---

(17)　E. Greenwood, «Attributes of a Profession», *in* Social Work Vol. 2, No. 3（JULY 1957）, pp. 45-55；仲村優一『社会福祉概論［改訂版］』（誠信書房，1991 年）158 頁

## （2）福祉関係の資格

社会福祉分野では，次のように多様な資格が存在する[18]。

① 福祉士：社会福祉士（福祉に関する相談援助の専門家），介護福祉士（介護の質を高める専門家），精神保健福祉士（精神保健分野の医療と福祉をつなぐ相談援助の専門家）

② 利用者サービスに関する資格：介護支援専門員（介護サービス計画（ケアプラン）の立案を担う専門職），訪問介護員（在宅介護を支える重要な介護職），理学療法士（運動療法，物理療法によるリハビリテーションの専門職），作業療法士（各種の作業活動によるリハビリテーションの専門職），言語聴覚士（ことばによるコミュニケーション，摂食・嚥下に関する専門職），保育士（保育，子育て支援の専門職）

③ 福祉事務所現業員等，福祉関係行政機関等の職員の基礎資格：社会福祉主事

## 3　国家資格制度　● ● ●

公益上の必要から業務独占又は名称独占による資格制度を設けることは，職業選択の自由（憲法22条）に対する公共の福祉の観点からの制限であることから，法律によるのが原則である。このため，福祉関係の国家資格も法律によって規定されている。

すなわち，**社会福祉士及び介護福祉士**については，社会福祉士及び介護福祉士法（1987年），**精神保健福祉士**については，精神保健福祉士法（1997年）が根拠法である[19]。また，**保育士**は，戦後児童福祉法（1948年）により保母として登場した後，1999年に保育士の名称となり，更に2001年改正で国家資格化された（2003年実施）。関連の資格として幼稚園教諭がある。子ども・子育て新制度の中での認定こども園法の改正により，学校及び児童福祉施設としての法的位置付けを持つ幼保連携型認定こども園については，将来的に「保育教諭」として幼稚園教諭と保育士資格の併有が必須となる。

このほか，必ずしも活動等が福祉関係に限定されないが，2015年の公認心

---

(18)　全国社会福祉協議会ホームページ http://shakyo.or.jp/guide/shikaku/index.htm

(19)　介護福祉士については，2011年改正により，それまで通知により実質的違法性阻却事由として処理されてきた喀痰吸引等を介護業務として法的に位置付け，医師の指示の下で喀痰吸引等が行われることになった。

理師法により公認心理師が国家資格化された。

　このように社会福祉分野の国家資格化が進んでいるが，人によるサービスを基本とする社会福祉においては，同時に福祉人材全体としての人材確保及び資質向上が求められる。この点，福祉人材確保指針（社福法89条等），福祉人材センター（同93条等）及び福利厚生センター（同103条等）が制度化されている。この他，社会福祉の場合には，地域包括ケアシステム等のように医療職等との多職種連携が必要となる。この点，医療職である看護師等が診療の補助の関係で医師の指示を受けるのと異なり，社会福祉士は，医療職との関係で連絡，調整等の相談援助を行うことが，その役割として位置付けられている（士士法2条1項）。

## 4　民生委員 ● ● ●

　**民生委員**は，岡山県の「済世顧問制度」（1917年）を嚆矢とし，戦前，方面委員制度として全国に普及した。戦後も，1946年の民生委員令により「民生委員」に名称変更され，旧生活保護法の補助機関として保護の実施に当たった。その後1948年に制定された民生委員法でも生活保護に係る役割は維持されたが，保護行政が複雑化・専門化する中で，1950年の新生活保護法により保護の実施機関から協力機関に位置付けが変更されている。

　現在の民生委員制度も，ボランティアとしての位置付けを踏襲している。ただ，民生委員法上は，厚労大臣から委嘱された非常勤の地方公務員であるものの無報酬（任期3年，再任可）である。また，民生委員は児童福祉法に定める**児童委員**を兼務（児福法16条）する。このうち厚労大臣により指名された「**主任児童委員**」は，子どもや子育てに関する支援を専門に担当する民生委員・児童委員である。

## 5　ボランティア ● ● ●

　民生委員が制度化・組織化されたボランティアであるとするなら，いわゆる**ボランティア**は自主的・自発的という特徴を有する。ボランティアは公的な福祉サービスによる間隙を埋めることで多様な福祉ニーズの充足に寄与している。それだけに法的にはボランティアを規制するよりも支援・助成する側面が強い。例えば，特定非営利活動促進法（NPO法）1条が，法の目的として「ボランティア活動をはじめとする市民が行う自由な社会貢献活動としての特定非営利

活動の健全な発展を促進」することを規定しているのも，その表れである。

　実際，1992年の社会福祉事業法（現社会福祉法）一部改正において，「国民の社会福祉に関する活動への参加の促進を図るための措置に関する基本的な指針」の策定，国及び地方公共団体による必要な措置の実施が規定された（89条）。加えて，社会福祉協議会の事業として，「社会福祉に関する活動への住民参加のための援助」が規定（102条の2）されたことも，ボランティア活動の積極的推進を反映している。また，1993年には「国民の社会福祉に関する活動への参加の促進を図るための措置に関する基本的な指針」が告示されている。

# 第3章

## 社会福祉の方法

### ● 第 1 節　社会福祉の方式 ●

#### 1　社会保険と社会扶助

　社会保障に関する制度別体系論の下では，社会福祉と社会保険とは別体系と理解されてきた。しかし，介護保険の登場により，社会福祉の中に社会保険が混じることになった。このことは，社会福祉と社会保険とが排除関係にないことを意味しており，社会福祉のための法技術の一つが社会保険であると捉える方が現状適合的である（第 1 章第 1 節 2 参照）。

　**社会保険**に対して，**社会扶助**の特徴は，保険事故になじまないものも含む社会的リスクを対象として，保険料拠出を前提とせず，ニーズに応じて給付がなされることである[1]。これを規範性の機序や原理でとらえるなら，社会保障全体を貫く連帯原理のうちでも，社会保険が貢献による連帯に依拠するのに対して，社会扶助は帰属による連帯に依拠していることになる（第 2 章第 1 節参照）。すなわち，社会保険の場合には，貢献による連帯の証としての保険料拠出が必須であり，拠出と給付に一定の**牽連性**が存在することになる。一方の社会扶助は，保険料拠出を前提とせず，社会保障が有する集団性という点で一定の集団に帰属することにより権利が発生する仕組みである。

　かかる理解を前提にした場合には，社会保険各法の中に存在する無拠出制の給付は帰属による連帯に基づく社会扶助と理解される。逆に社会福祉であって

---

（1）　連帯原理からの社会保障の分類については，拙著『社会保障法における連帯概念』
　（信山社，2015 年）45 頁以下

も介護保険の場合には，貢献による連帯に依拠する制度であることになる。

## 2　社会扶助の給付方式　● ●

　保険料拠出を前提としない社会扶助の場合にも，法技術的には多様な仕組み
が存在している。そこで利用関係に着目し，契約か否かの違いで分類すると，
次のように二分される。なお社会保険は，社会扶助ではないが利用契約方式に
分類される。

① 行政処分による**措置方式**

② 当事者同士の契約である**利用契約方式**

　　・保育所方式

　　・個人給付方式

　　・任意契約方式

　次に手続的側面からは，社会扶助は，①国民からの申請を待って給付等が決
定される**申請主義**と②国民からの申請を前提とせず行政が自ら給付等を決定す
る**職権主義**に分かれる。

　なお，両者の折り合いをどうつけるかは，検討を要する。まず国民が社会福
祉を強要される理由はなく，生活（維持）自己責任原則，国民の自己決定権等
との整合性からは，申請主義が基本となるはずである。ただ，社会福祉の利用
者の中には，適時適切なサービス利用のためには支援を必要とする人もいるで
あろう。あるいは未成年者のように，法律行為に原則として親の同意を必要と
し，適切に養育されるためには保護的な対応が求められる場合もある（児福法
1条）。そこで，生命・身体に関わるような緊急時など一定の場合には，職権
主義の発動がむしろ必要となる。その場合，措置方式（**本章第2節1参照**）と
申請主義は相容れないと考えられがちであるが，生活保護が申請権を認め，か
つ，保護の方法として施設への入所措置ができる（30条等）ことからも制度的
には整合的であり，措置であっても申請主義は可能である。従って，申請主義
と職権主義は相互補完的であり，生活保護法（7条）の申請保護の原則のよう
に申請主義を原則としながらも，急迫時には職権主義を発動するといった立法
は可能と言える。むしろ，措置方式で職権主義を採用するのであれば，行政自
らニーズの把握に努め，適時適切に措置を発動すべきことになる[(2)]。

---

(2)　厚生省社会局老人福祉課監修『改訂老人福祉法の解説』（中央法規，1987年）88頁

## ● ● ● 第2節　社会福祉の給付方式　● ● ●

### 1　措 置 方 式　● ● ●

#### （1）概　観

　**措置**は介護保険が登場するまで社会福祉の代表的な利用方式であった。すなわち，サービス提供（現物給付）である社会福祉においていわゆる**措置制度**は，

　① サービスの実施方法としての措置（行為）

　② サービスの実施主体としての行政又はその委託を受けた社会福祉法人等（主体）

　③ サービスの財源保障としての措置費（財政）

が三位一体となった法的体系として，実務上重要な役割を果たしてきた。

　この措置方式の特徴は，措置権者である行政機関が措置要件を充足しているかの判断を行った上で，利用者に係る措置決定（行政処分）を行い，その上で自ら又は受託事業者に委託（準委任）することにより，利用者にサービス等を提供する点にある[3]。このこととも関係して，措置の場合の利用者負担は，事業者ではなく措置権者に払うことになる。このことは，社会保険である医療保険や介護保険が保険医療機関等，施設等の事業者に一部負担金を支払うのと異なる（図3-1）。事業者から見れば，利用者負担に関する徴収の事務負担及び債権回収のリスクを負わずにすむことになる。

　詰まるところ，措置は，措置権者である行政機関がサービス等の提供責任を負う仕組みである。このため，措置受託者によるサービス提供の過程で事故等が発生した場合に，サービス提供者の行為が公務員と同様に公権力の行使に当たるとみなされ，措置権者の損害賠償責任（国賠法1条）が発生する可能性があるように，公的責任が明確な仕組みとも言える[4]。その一方で，利用関係

---

（3）　横浜地裁決定平成6年10月13日判自1540号89頁は，措置委託により準委任関係が成立することを認めている。

（4）　最一小判平成19年1月25日民集61巻1号41頁は，児童養護施設への入所に関連して，当該施設職員等による養育監護行為は，公権力の行使に当たる公務員の職務行為と解するのが相当であると判示している。理由として，施設における養育監護は本来都道府県が行うべき事務であり，当該施設長は，都道府県の公的権限を委譲されてこれを都道府県のために行使するものと解されることを挙げている。このほか，社会福祉法人が設置運営する養護施設の入所児童に対する当該施設職員等による養育監護行為が公権

図3-1　措置制度と医療保険の比較

① 措置制度の仕組み

② 医療保険の仕組み（被保険者本人の場合）

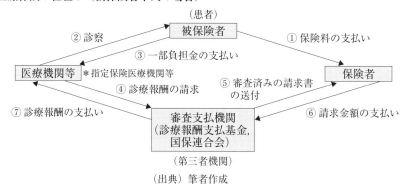

（出典）筆者作成

において，利用者と受託事業者のいずれも措置権者を介して向かい合うことに
なり，利用者と受託事業者との関係性が不明確になる嫌いがある(5)。さらに
行政解釈上は，利用者のサービス利用は措置による**反射的利益**に止まると理解
されてきたことから，利用者の権利性が弱いことが指摘されてきた(6)。

---

力の行使に当たる公務員の職務行為と解されるとして，監督業務執行上の注意義務違反
を理由に都道府県の損害賠償責任を認めた判決に，東京高判平成 21 年 2 月 26 日
LEX/DB 文献番号 25464389 がある。

(5)　たとえば，措置権者，措置受託者及び利用者の関係について，措置権者を要約者，
措置受託者を諾約者，利用者を受益者とする第三者のためにする公法上の契約が成立す
るかが問題となる。名古屋高判平成 17 年 9 月 29 日民集 61 巻 1 号 67 頁は，措置受託者
には原則として受託義務があること等を理由に，これを通常の契約であると解すること
ができるか疑問があり，仮に第三者のためにする公法上の契約であるとの面があるとし
ても，措置と委託とが全く別の性格を有するものと解するのは相当でないと述べている。

(6)　反射的利益とは，「元来，個人のために権利としてこれを主張することが認められた
ものではなく，むしろ，法の反射的効果（Reflexwirkung）として，事実上に利益を与

## （2）措置制度と反射的利益

　措置制度の場合には，それが法的義務であっても，措置権者に課せられた義務であって措置対象者に請求権を付与するものではなく，サービスは措置義務の反射的利益であるという**反射的利益論**が伝統的な行政解釈であった[7]。つまり措置は，措置権者である行政に義務を課すものであっても，その義務は必ずしも対象者に対して負っているわけではないことになる。

　ただ，社会扶助であっても生活保護は反射的利益とは解されておらず，国民に保護請求権が付与されている[8]。そして，生活扶助の中には施設入所措置が選択肢として入っていることからすれば，措置制度だということだけで反射的利益が是認されるわけではないことになる。むしろ措置制度では，これまで手続き規定を用意してこなかったことに起因する申請権の欠如が大きいと考える[9]。手続方式との関係で言えば，申請主義ではなく職権主義が採用されてきたのが措置制度ということになる。

　その上で検討すべきは，手続規定を欠いたとしても，サービスの提供拒否の取消しを求めることに「法律上の利益」（行訴法 9 条）が認められれば，裁判を通じて権利を実現する可能性があることである。その点では，行政手続法上の不利益処分との関係で，措置解除に当たって当該措置に係る者に対する説明義務が規定されていること（身障法 18- 3 条，老福法 12 条等）から，措置が一旦なされれば，そこで権利性を帯びるとも解される。

　さらに，行政処分としての措置に行政裁量が絡むことで，それが措置の権利性を弱める方向に作用し，反射的利益を解す余地を増大させたと考えるべきであろう。その第一は，措置に当たっては，法令に措置要件が規定されるとして

---

　えることがあるにすぎないものとみるべきである」とされる（田中二郎『新版行政法上巻（全訂第 2 版）』（弘文堂，1974 年）84-85 頁）。

（7）　厚生省社会局老人福祉課監修・前掲注(2)88-89 頁

（8）　小山進次郎『改訂増補生活保護法の解釈と運用（復刻版）』（全国社会福祉協議会，2008 年）112-113 頁

（9）　大阪高判平成 13 年 6 月 21 日裁判所ウェブサイトは，ホームヘルパーの派遣申出書から申請権が認められるかについて，申出書を一種の行政サービスと捉え，「ホームヘルパーの需要状況を職権をもって広範かつ的確に把握することが事実上不可能であることから，その必要性と派遣についての希望の有無の把握を個々の需要者の申出にかからしめ，これを派遣決定等の発動に対する当初の契機とする趣旨に出たものとみるべきであり，これをもって，手続上の申請権を認めたものとみることはできない」と判示した。

も，不確定概念の抽象性ゆえにそこには解釈（要件裁量）の余地が残ることが多かったことである。第二に，措置権者の措置は，「必要があると認めたときは，……採らなければならない」（児福法25-7条等），「必要に応じて……採ることができる」（老福法10-4条），「必要に応じて，……採らなければならない」（老福法11条）等と規定されるのが通例であり，実施の有無，時期等に解釈（効果裁量）の余地を残していたことである。この結果，仮に行政裁量が認められるのであれば，裁判所も裁量権の逸脱・濫用がなければ処分を取り消せない（行訴法30条）ことになり，権利の実現に制約がかかることになる。

　以上を整理すると，措置の場合には，反射的利益論以外に申請権，行政裁量等の問題も重なり合い，権利の実現が困難になっていたと言える。このことは，生活保護法が申請保護の原則（7条）を保障し，不服申立を始めとする救済制度があること等により，実定法上も権利性が担保されていることからも理解できる。さらに，このような法的側面もさることながら，財政制約という意味での財源保障の問題（例えば義務的な国庫負担であるか否かといった問題）も措置制度の下での権利実現の妨げとなってきた。

## 2 保育所方式

### （1）概 観

　保育所は，1997年の児童福祉法改正までは措置方式であったが，同改正により保育所方式，すなわち市町村（行政機関）の**公法上の利用契約**関係に転換した。その後，2000年の社会福祉基礎構造改革により，助産施設，母子生活支援施設についても，保育所方式が導入されることになった。

　しかしながら，保育所及び認定こども園については，2012年の子ども・子育て新制度により，私立保育所を除き，個人給付方式に変更された。もっとも，私立保育所のほか助産施設及び母子生活支援施設にも保育所方式が残っている。

### （2）法 的 性 格

　保育所方式の特徴は，
・実施義務を有する行政庁が，利用者からも申込みがあったときは，当該サービスを提供しなければならないとした上で，
・申込みは，希望を記載した申込書を行政庁に提出して行うが，
・当該サービスが不足するなどやむを得ない事由があるときは，この限りでな

いとする等の例外を設けていることである（児福法 22 条，23 条等）。

　また，サービスに関する情報提供義務及びサービス提供者からの申込書の提出に関する規定のほか，保育所に係る選択，入所承諾書・不承諾通知書等の行政実務に照らすと，従前の措置制度とは異なり，行政庁と利用者の間に相対の法律関係が存在するように見える。この点，行政解釈では，行政庁と利用者の間に公法上の契約が成立し，利用者による申請及び選択が認められるとされる。

　このような理解に対して，判例の理解は分かれている。すなわち，

　① 公法上の契約とするもの[10]

　② 措置とは明言しないが行政処分とするもの[11]

　③ 措置とは明言しないが契約とすることを疑問とするもの[12]

等である。保育所をめぐる市町村責任の問題も相まって保育所を中心に議論される方式であるが，法の立て付けとしては，助産施設及び母子生活支援施設（第8章第2節2参照）も含め整合的に解釈する必要があろう。

## 3　個人給付方式 ●　●　●

### （1）概　観

　障害者関係の利用関係も措置方式が中心であったが，社会福祉基礎構造改革の一環として 2003 年から障害者支援費制度が実施されたことから，利用者と事業者との契約に対して支援費を個人給付として支給する**個人給付方式**に転換した[13]。その後，2006 年から障害者自立支援法による自立支援給付が導入さ

---

(10)　八千代市保育園民営化取消訴訟（千葉地判平成 20 年 7 月 25 日賃社 1477 号 48 頁）は，「当該保護者が選択した保育所における保育を実施することを内容とする公法上の契約を締結したものと解するのが相当である」としている。大東市保育所廃止処分取消等事件（大阪地判平成 17 年 1 月 18 日裁判所ウェブサイト）も，「保育所に関する情報の提供に基づき保護者が保育所を選択し，市町村と保護者の間で，保護者が選択した保育所における保育を実施することを内容とする利用契約（公法上の契約）を締結する仕組みに変更されたものと解される」としている。

(11)　高石市立保育所廃止処分取消請求事件（大阪高判平成 18 年 1 月 20 日賃社 1438 号 53 頁）は，「保護者の申込みを前提に，市町村長が行政処分により入所を認める制度であると解さざるを得ないというべきである」としている。

(12)　横浜市立保育園廃止処分取消請求事件（横浜地判平成 18 年 5 月 22 日民集 63 巻 9 号 2152 頁）は，「保育所入所後の利用関係を直ちに契約関係といい得るかは疑問であるというべきであることから，……本件改正条例の制定が保護者原告らの契約上の地位を侵害するとの前提での検討は行わないこととする」としている。

図 3-2 保育所入所の仕組み（児童福祉法の 1997 年改正後）

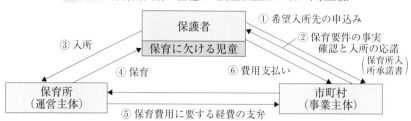

（出典）1997 年 9 月の全国児童福祉主管課長会議資料（厚生省）

れ，更に 2005 年からは障害者総合支援法の下での自立支援給付に変更された
が，契約制度を前提に個人給付が支給される点は継承されている。また，自立
支援給付については，利用者ではなく事業者に直接支払われる法定代理受領方
式が採用されている。さらに，保育所についても，子ども・子育て新制度によ
り，私立保育所を除き，保護者に対する個人給付として支給する個人給付方式
が導入された。つまり，公立保育所の場合には，保育の実施責任を負う市町村
ではなく施設設置者としての地方公共団体と保護者との間の契約関係となる。

　翻ってみると，個人給付方式という点では，生活保護法の方が古い。生活保
護の保護には，現物給付を原則とするもの（医療扶助，介護扶助）と金銭給付
を原則とするもの（生活扶助，教育扶助，住宅扶助，生業扶助，葬祭扶助）があ
が，いずれも個人の権利性が明確な給付である。


**（2）法 的 性 格**

　障害者総合支援法及び子ども・子育て支援法に係る給付の場合，利用者から
の支給申請に対して支給決定がなされ，サービスの対価は利用者が直接事業者
に払う自己負担を除き**法定代理受領**（サービス事業者等が被保険者等に代わり保
険者から保険給付費の支払を受けること。**総論・保険法第 7 章第 1 節 1 参照**）によ
り行政機関から事業者に直接支払われる。その際，提供サービスの質の確保又
は給付費の支払先の確定の必要があること等から指定制度が設けられており，

---

(13)　個人給付方式の場合には，受給権者が事業者からサービスを受けたときに，サービ
　　スに要した費用を当該受給権者に給付費として支給するという規定振りである。従って，
　　受給権者「個人」への給付費の支給という「給付」であることから，本書では「個人給
　　付」と呼ぶことにしている。また，「法定代理受領」は，介護保険等の人員・設備・運
　　営基準等の中で登場することから，本書でも使用している。

図 3-3　個人給付方式の仕組み

（出典）筆者作成

給付費の対象となる事業者は，都道府県知事の指定又は確認を受ける必要がある。この限りにおいては，保険料拠出の有無や指定，確認の法的性格の問題を別とすれば，個人給付方式は社会保険方式（医療保険の家族療養費等）に類似した方式である（図3-3）。

　敷衍すると，給付費は，利用者に対する現金給付の建前であるが，実施主体は，事業者からの請求を受けて，利用者に代わって給付費の限度において事業者に支払うことができる仕組みとなっている。その場合には，利用者に給付費の支給があったとみなされ，結果的に現物給付類似の状態が発生する。

　これに対して生活保護法の医療扶助及び介護扶助の場合（金銭給付が原則である教育扶助等の例外的な場合を含む）には，**現金給付の現物給付化**（形式上は現金給付だが，法定代理受領により現物給付化されること。**総論・保険法第 7 章第 1 節 1 参照**）ではなく，そもそも現物給付であることから，医療保険の療養の給付に類似しており，医療扶助及び介護扶助に関する医療機関，介護機関等の指定制度が設けられている。また，被保護者本人に支給される金銭給付については，直接交付の原則（31 条 3 項，33 条 4 項）があるが，保護の目的達成のため必要な場合（例えば介護保険料，家賃等の費消）には，特例として代理納付制度がある（37-2 条）。さらに，生活扶助の対象である介護老人福祉施設等のサービスの場合，金銭給付である保護金品について，保護の目的を達成するために必要な場合には，施設管理者に交付することができる。これ以外に被保護者以外の者に金銭給付が交付される場合も含め，被保護者の同意を得て委任状を徴することは要件となっていない。これらの点に照らすと，代理納付等の仕組みは，法定代理受領と類似していると言える。

　なお，生活保護法上の生活扶助は居宅保護が原則であるが，例外的な場合や本人の希望があるときは，救護施設等への措置が可能となっている（30 条）。この点，障害者及び保育を必要とする児童の保護者との関係でも，身体障害者

図3-4 介護保険の仕組み

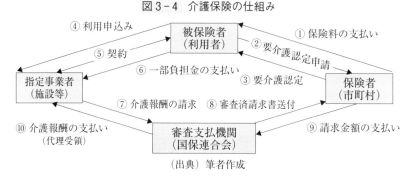

(出典) 筆者作成

福祉法（18条），知的障害者福祉法（16条）及び児童福祉法（24条）にも措置制度が残っている。

## 4 社会保険方式

### （1）概 観

　高齢者分野では，老人保健制度も含めた老人医療が社会保険方式を基礎としていたのに対し，特別養護老人ホーム入所等の高齢者福祉は措置方式であった。この利用方式の違いから，サービスへのアクセスの容易さや負担の程度に違いが発生し，社会的入院，特養待機等の高齢者問題が増幅された面がある。2000年から実施された介護保険では，保健医療・福祉に跨がるサービスとして介護を措定し，要介護状態等を保険事故とすることで**社会保険方式**を導入した。この結果，それまで異なる制度の下に置かれていた介護療養型医療施設（病院），老人保健施設及び介護老人福祉施設（特別養護老人ホーム）の３施設のほか在宅サービス等のイコールフッティングが実現し，サービスアクセスの差等に起因する需給ギャップが解消されることになった。また，1993年の制度審の社会保障将来像委員会第一次報告が打ち出した５原則の一つである「権利性」重視の流れは，同審議会1995年勧告を経て，介護保険制度が負担と給付の関係が明確な社会保険方式を採用することにつながっており，その点では，措置方式との比較での権利性も社会保険方式を考える上で重要である。

　現在のところ社会福祉における社会保険方式は，**介護保険**のみである。この介護保険の場合には，社会保険にとって必須の保険関係は，保険者である市町村と第１号被保険者（65歳以上の者）及び第２号被保険者（40〜64歳の医療保険加入者）との間で成立する。被保険者の保険料のうち第２号被保険者の場合

には，医療保険者が徴収し，介護納付金の形で拠出され，市町村に交付される。サービスについては，指定制度が設けられており，指定事業者・施設からサービス給付を受ける。その際，一部負担金等の利用者負担以外の費用は，保険者から法定代理受領方式で支払われる（図3-4）。

### （2）法 的 性 格

　介護保険は，利用者（被保険者）が保険料拠出を前提にサービスを利用するが，要介護認定を経る点が医療保険との相違点の一つである。社会保険の中には，医療保険のように医師等の専門性に委ねることで給付に関して特段の行政処分を設けない制度もあるが，年金，労災保険及び雇用保険の場合には，確認行為としての裁定，労災認定，失業認定が給付のために必要である。なお，年金給付の始期が要件該当の時点であるのに対して，介護保険の要介護認定の場合には，申請時点までしか効力は遡及しない。

　また，介護保険の場合には，混合介護による上乗せ・横出しサービスを許容する必要があることから，混合診療が禁止される医療保険のような療養の給付ではなく，給付費の支給（現金給付）を法定代理受領により現物給付化する方式が採用されている。なお，サービス事業者・施設については指定制度を導入し，都道府県等の指定が必要であるが，第三者のための公法上の双務契約である医療保険と異なり，指定自体は，介護保険の給付対象としてふさわしいことの**確認**であるとされる[14]。

　さらに，要介護認定との関係で要介護度に応じた支給限度額，サービス管理のためのケアマネジメントがあるなど，医療保険にない特徴を有している。

## 5　任意契約方式 ●　●　●

### （1）概　観

　**任意契約方式**は，利用者が事業者との直接契約によりサービス利用を行い，それに対して行政機関が事業者に対して運営補助を行うのが典型である。老人福祉法の軽費老人ホーム及び有料老人ホーム，身体障害者福祉法及び知的障害者福祉法の福祉ホームのような利用型の施設等で見られる方式である。このほか，福祉各法に根拠を有しない社会福祉事業（例えば無料低額宿泊所）にも，

---

（14）　遠藤浩・神田裕二「介護保険法案の作成をめぐって」法政研究66巻4号（2000年）1802頁

任意契約に該当する場合がある[15]。

## （2）法 的 性 格

　利用関係に関しては，当事者間の契約だが，事業者に対して社会福祉事業及び社会福祉法人に関する社会福祉法及び福祉各法の規制が及ぶことは別途ある。また，補助事業の場合には，要綱等が存在するならば，その関係での条件等が課せられることもある[16]。また，施設が地方公共団体のものであれば，公の施設（自治法 244 条）として規制（差別的取扱いの禁止等）に服することになる。

## ● ● 第3節　社会扶助の権利保障 ● ●

### 1　概　　観 ●

　利用方式とその権利性は論理必然的に決まるわけではなく，立法に依存する。実際，措置制度の場合にも一旦措置されればそこに権利が発生するとも解し得ることから，権利性の観点からは，措置開始までの手続保障が特に重要となる。その点では，権利性については，措置以外の方式も含め権利実現までの局面・プロセス，その後の受給権の保護も含めて考えるべきといえる。

　また，権利という以上は裁判を通じて権利が実現できることも重要であり，その点では権利救済が重要となる。

### 2　手 続 保 障 ●

#### （1）手続保障の重要性

　社会福祉において措置以外の方式が拡大した結果，本人等からの申請を待って給付等が開始される**申請主義**を原則とし，例外的ないし補完的に行政機関等がその裁量で給付等を開始する**職権主義**が採用される立法が増加している。

　このように申請主義を原則とするのは，本人の選択権や本人意思の尊重（本人の意思に反してまで給付を行うべきでないという考え方）が底流にある。それに

---

(15)　社会福祉事業には，授産施設（社会事業授産施設，保護授産施設）があるが，利用者が障害者の場合には，障害者総合支援法の対象となる可能性がある。

(16)　補助金自体は，公法上の贈与契約と解される（大阪高判平成 23 年 11 月 24 日判自 354 号 58 頁）。

対して，職権主義が発動されるのは，本人利益への合致，公益上の必要性等が前提となる。その点で，措置制度における反射的利益論が是認されるとすれば，行政機関等は，公益実現の観点から必要とあらば積極的に措置する必要がある。実際，社会保険方式及び個人給付方式の下でも，サービスを受けることが著しく困難であるといった例外的場合に措置が発動されるのは，かかる公益上の必要性が重視されるためである。

そうであれば，社会福祉の手続きの各局面において，申請主義が含意する選択権及び本人の意思の尊重という元来の趣旨が発揮できるようにすべきことになる。立法政策的には，利益処分である福祉サービス等の開始についても申請等の手続き規定を書き込むことが，手続保障として重要である。

行政全般における手続きの重要性は行政手続法の存在にも表れている。処分，行政指導及び届出等に関する共通事項として，福祉各法の特則がない限り，行政手続法による権利保護が及ぶ。具体的には，処分に関する審査基準の定立，標準処理期間の設定，申請に対する審査・応答，理由の提示等の義務が行政庁に課せられている。また不利益処分に関しては，処分基準の定立，聴聞又は弁明の機会の付与による意見陳述の手続き等が行政庁に義務付けられている。

### （2）手続保障のための手段

手続保障を実現する上で重要となるのが，次の**申請権**の保障，**手続過程**の適正性等の担保及び**周知義務**である。

① 申請権の保障

生活保護法（7条）は申請保護を原則としており，急迫保護（職権保護）を例外としている。同時に保護の開始・変更に関する手続き規定を設けており（24条），申請権を反映した規定となっている。

これに対して，伝統的な福祉各法では，「福祉の措置」（老福法10-3条以下，母福法13条以下），「……の措置」（身障法18条以下，知障法15-4条以下）又は「福祉の保障」（児福法19条以下）の章を設け，行政機関等の権限・義務等を規定する立法技術が採用されてきた。つまり，サービス等の利用者ではなく，行政機関等の側に立った規定振りである。

そうした中にあって，子ども・子育て新制度による改正前においても，児童福祉法は，保育所入所について市町村の保育義務を定める（2012年改正前児福法24条1項）とともに，保護者からの申込み（同項）及びその手続き等（2項

以下）を規定していた。このことは，社会保険方式でなくとも，立法技術上の工夫により，申請権及びその実現手続きの明確化が可能であることを示唆する。

② 手続過程の適正性等の担保

行政手続の公正確保・透明性向上に関しては，行政通則法である行政手続法が規定している。福祉各法もその射程内にあるものの，一部適用除外となっている場合が多い。例えば，行政手続法3章（不利益処分）の適用除外（12条・14条を除く）が，生活保護法（29-2条）の保護の実施，児童福祉法の措置等の解除（33-5条），母子・父子・寡婦福祉法の措置等の解除（19条，31-7条，33条），老人福祉法の措置の解除（12-2条），身体障害者福祉法の措置の解除（19条），知的障害者福祉法の措置の解除（18条）である。これらの場合には，各法の中で解除に係る理由の説明，意見聴取等が規定されている。

③ 周知義務

申請権が適時適切に行使されるためには，利用者等が福祉サービス等を適時適切に知ることが前提となる。このため，福祉各法でも情報の提供，普及啓発等が国・地方公共団体の努力義務として規定されることがある。確かに，生活障害を要保障事由とする社会福祉においては，利用者がその権利を認知することが生存権保障という点で重要である。ただし，一般的な広報を超えて，広報を法的義務とできるかは議論のあるところである[17]。

## 3 受給権の保護等 ●　●

社会福祉法においても受給権保護のための規定が設けられることがある。例えば**公租公課の禁止，譲渡・担保・差押の禁止**である（生保法57～59条，児福法57-5条，児手法15・16条等）（**総論・保険法第7章第3節2・4も参照**）。

仮に税金を財源とする給付に公租公課が賦課されれば，税金に税金をかけることになることから，法目的を減殺する。また，譲渡・担保・差押を許容すれば，本来給付が帰属すべき者に給付が届かないことになる。従って，これら受給権保護規定は，利用者等の権利実現の全きを期す上で不可欠である。

---

(17)　大阪高判平成5年10月5日訟月40巻8号1927頁は，官報掲載のほか一切の広報活動を行わなかったり役所窓口での質問・相談に的確に答えないで誤った教示をするなど，広報，周知徹底に関する裁量範囲を著しく逸脱したような場合は格別，そうでなければ児童扶養手当の支給に関する広報，周知徹底義務を法的義務として肯認することはできず，法的強制の伴わない広報，周知徹底の責務が認められるにとどまると判示した。

　なお，生活保護法（56条）は，正当な理由なしの**不利益変更**を禁止している。従って，不利益変更に当たっては，「正当な理由」の解釈が鍵となる。このような例は，労働契約法（10条）の就業規則の不利益変更の原則禁止にもみられるところである。


## 4　権 利 救 済　● ● ●

### （1）概　観

　社会福祉の給付には，行政処分が介在することが多い。このため権利救済に当たっても，行政不服審査法，行政事件訴訟法及び国家賠償法が重要な役割を果たす。このほか，ADR（裁判外紛争解決手続）として苦情申立制度が設けられる場合がある。


### （2）不 服 申 立

　行政庁の違法又は不当な処分その他公権力の行使に当たる行為に関して，行政不服審査法は**不服申立**制度を設けている。福祉各法にも，特段の規定がない限り，一般法としての行政不服審査法の規定が及ぶ。具体的には，国民は審査請求人として，3月の審査請求期間内に審査庁に対して審査請求を行うことができる。審査庁は，処分に関与しない審理員が審査請求人と処分庁の主張を審理した上で裁決を行うことになる。さらに，有識者から成る第三者機関が審査庁の判断を点検する仕組みが用意されている。

　これに対して生活保護法は不服申立に関する特則を設けている。すなわち，生活保護の処分等については都道府県知事への審査請求及び厚労大臣への再審査請求が存在しており，それぞれ裁決の期間の特例が設けられている（64～66条）。また審査請求と訴訟との関係では，**審査請求前置主義**となっている（69条）。この他の福祉各法でも審査請求に関する特則が設けられることがある。

　中でも介護保険法（184条）は，他の福祉各法と異なり，審査請求に関する機関として介護保険審査会が都道府県に設置されている。障害者総合支援法（98条）の場合にも，都道府県の不服審査会の設置規定があるが，できる規定である。これに対して，子ども・子育て支援法の場合には，不服審査会等に関する特段の規定を置いていないことから，この点は審査件数，専門性等を踏まえた立法政策によると考えられる。

## （3）行 政 訴 訟

　社会福祉に関する訴訟は，行政事件訴訟及び国家賠償請求の形で争われることが多い。

　このうち行政事件訴訟法が規定する行政事件訴訟は，抗告訴訟，当事者訴訟，民衆訴訟及び機関訴訟から成る。社会福祉の場合には，行政処分が介在することが多いため，これまで**抗告訴訟**が中心となってきた。具体的には，取消訴訟及び不作為の違法確認訴訟のほか，最近では義務付けの訴え及び差止めの訴え，仮の義務付け及び仮の差止め等が提起されることがある(18)。

　国家賠償法が規定する**国家賠償**請求は，公務員の故意・過失による違法な行為に起因する損害賠償請求である。国家賠償請求は取消訴訟等の行政事件訴訟と並行して提起することができる。しかも，行政事件訴訟法にみられる不服申立前置主義（審査請求等の不服申立を経ずに取消訴訟を提起することができないこと）の制限（行訴法8条1項ただし書）がない。一方，国家賠償請求の場合には，加害者が公権力の行使に当たる公務員であって，その職務を行うに当たっての加害行為であることが前提となる（国賠法1条）。ただし，公権力の行使には私経済作用等を別とすれば広範な活動が含まれる（広義説）ことから，社会福祉関係の行為も国家賠償請求の対象となる場合が多いといえる。

---

(18)　義務付けの訴えを認容した事例としては，障害者自立支援法の介護給付費に関する大阪高判平成23年12月14日賃社1559号21頁（石田訴訟），生活保護に関する東京高判平成24年7月18日賃社1570号42頁等がある。逆に認めなかった事例としては，生活保護に関する横浜地判平成27年6月24日判自412号16頁，青森地判平成28年4月15日LEX/DB文献番号25543017等がある。仮の義務付けについては，認容した事例として，生活保護に関する福岡高決平成22年3月19日判タ1324号84頁等がある。逆に認めなかった事例としては，障害者総合支援法の介護給付費に関する大阪高決平成23年11月21日裁判所ウェブサイト等がある。仮の差止めに関しては，保育所の廃止・民間移管の差止めを求める本案訴訟とともに仮の差止めの訴えが提起されたのに対して，大阪高決平成19年3月27日裁判所ウェブサイトが，訴えを容認した原決定を取り消した例がある。

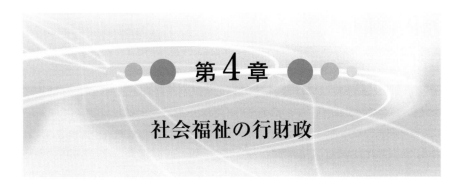

# 社会福祉の行財政

## 第1節　社会福祉行政の基本

### 1　概　観

　社会福祉の制度体系及びその実施プロセスにおいて，国・地方公共団体は企画立案に関する政策主体（更に制度の**実施主体**）としての役割を果たすことから，行政組織，財政，行政計画等の側面からの検討が必要となる（第2章第3・4節参照）。

　その際，社会扶助にあっては，保険者が保険関係の中核的役割を果たす社会保険と比べても行政が利用者と直接的な法律関係を持つことが多いことから，行政の権限と責任の問題が重要となってくる(1)。もちろん，我が国の社会保険の場合には，補助金等の公費投入，事業者等の指定，指導監督等の仕組みが存在していることから，保険者自治といっても制度が政府から完全に独立して運営されているわけではない。

　このほか，社会福祉においては地方公共団体の役割が大きいことから，地方分権の視点が重要となってくる。また，制度の実施及び実践段階では，社会福祉法人等の経営主体及びその下での福祉専門職が担う部分が大きく，更に制度の実践段階では，専門職以外にNPO，ボランティア等も関係してくる。この結果，社会福祉においては，多様な法律関係を射程に置いた複眼的な思考が必要となる（図4-1）。

---

(1)　政府管掌保険であっても，保険関係における政府の役割は保険者事務であって行政事務ではない。

図4-1 社会福祉の行財政の概観

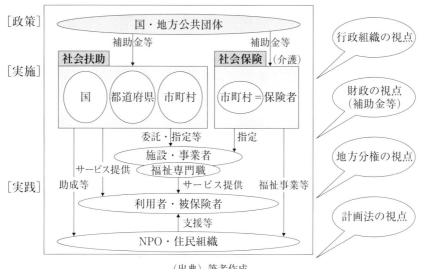

（出典）筆者作成

## 2 地　方　分　権 ●　●

　身近な行政はより身近でという考え方は，EU の補完性の原則（principe de subsidiarité）にも見られるところであり，我が国の場合には，**地方分権**の考え方に反映されている。より掘り下げれば，地方分権の問題は連帯とも関係しており，連帯を構成する家族連帯，地域連帯，国民連帯等の連環にあって，より身近な連帯が優先されることとも親和的である。

　社会福祉は，社会保障の中でも身近な地域で展開され，地域住民等に主体的役割が付与される分野である。その象徴である地域福祉は，地域社会を措定し，そこに行政，福祉関係者等が地域の課題に取り組むという点で，児童福祉，高齢者福祉，障害者福祉等と異なる。この地域のつながりを重視する地域福祉は，今や社会福祉の柱となっている。それゆえ，地方分権及び地域福祉の流れは，国と並んで地方公共団体が社会福祉の政策主体（第2章第3節）となることにもつながる。この場合の地方公共団体とは，①広域的自治体としての都道府県及び基礎的自治体である市町村から成る**普通地方公共団体**，②特別区（東京23区），地方公共団体の組合（一部事務組合，広域連合）及び財産区から成る**特別地方公共団体**を意味する[2]。そして，都道府県と市町村といった地方公共団体間相互には，上級官庁・下級官庁のような上下関係はない。

　近年，社会福祉分野では，国から都道府県，都道府県から市町村に向かっての分権化，すなわち地方分権の中の地方分権が進展している[3]。この結果，地方公共団体の中でも市町村の比重が高いのが社会福祉となっている。

## 3　自治事務及び法定受託事務 ● ● ○ ○

　地方自治法（2条8・9項）により，地方公共団体の事務は，①法定受託事務以外の**自治事務**と②**法定受託事務**に分かれる。さらに，法定受託事務は，国から都道府県，市区町村（市町村または特別区）に処理させる事務（国の本来的役割に係る事務で，国において適正処理を特に確保する必要があるもの）である1号法定受託事務と，都道府県から市区町村に処理させる事務（都道府県の本来的役割に係る事務で，都道府県において適正処理を特に確保する必要があるもの）である2号法定受託事務に分かれる。

　法定受託事務は，地方自治法の別表に限定列挙されている。社会福祉関係では自治事務が多いが，生活保護法の大半の事務，児童手当等の社会手当，社会福祉法人の許認可等のように法定受託事務に該当する場合もある。注意すべきは，法定受託事務であっても，委託によって地方公共団体の事務となるわけではなく，自治事務と同じように地方公共団体の事務であることから，地方公共団体の条例制定権が及ぶことである。

　また，国による地方公共団体への関与については，法令の規定を要するという意味で法定主義がとられている（自治法245-2条）。従って，いわゆる通達行政により，国が地方公共団体を指導することは認められない。さらに，国の関与の方法についても，地方公共団体の自主性・自立を阻害しないよう最小限に規制されており，自治事務の場合には，助言・勧告，資料提出要求，是正要

---

(2)　この他に指定都市（大都市で人口50万以上，最近は70万程度が基準）及び中核市（人口20万以上が基準）が重要であり，多くの福祉分野で都道府県と同じ扱いを受ける。

(3)　具体的には，1990年の福祉八法改正により福祉分野の実施主体が都道府県から市町村に移管され，1997年の介護保険法制定の際に保険者が市町村に設定されることになった。その後も，1999年の地方分権一括法により国民年金の徴収事務が市町村から国に変更され，2005年の障害者自立支援法により，障害者福祉の実施主体を市町村に集約することになった。これに対して，医療関係では，2006年の健康保険法の改正による後期高齢者医療制度において保険者を都道府県単位の広域連合とするとともに，協会けんぽの保険料率等の都道府県単位化などむしろ県単位化が進んでいる。2018年度からの国民健康保険における都道府県の共同保険者化も，そのような流れである。

求，協議であり，法定受託事務の場合であっても，助言・勧告，資料提出要求，同意，許可・認可・承認，指示，代執行，協議が関与の基本類型である。このため，多くの場合，国から地方公共団体への通達は「**技術的助言**」（自治法245-4条）との位置付けで発出されている。

国と地方公共団体との間の争訟については，国地方係争処理委員会（自治法250-7条以下）への審査の申出等のほか，違法な国の関与の取消又は当該審査の申出に係る国の不作為の違法確認を高等裁判所に訴えることが可能である（自治法251-5条以下）。

## 4　条 例 委 任 ● ● ●

自治事務の場合であっても，法令に規定を設けることにより，地方公共団体が行う事務を**義務付け・枠付け**ることにより，実際上地方公共団体が条例で定める余地を残さない実態があった。このため2009年12月の閣議決定（地方分権改革推進計画について）による義務付け・枠付けの見直しの一環として，「施設・公物設置管理の基準の見直し」が行われることになった。

社会福祉においては，最低基準等の施設・人員基準等を法律の委任に基づき厚生労働省令等において規定する手法が伝統的に採用されてきた。これに対して，上記閣議決定に沿った法律改正では，施設・公物設置管理の基準としての施設・人員基準等の設定を条例に委任することとし，当該条例は，①省令等の基準に従い定めるもの（**従うべき基準**），②省令等の基準を標準として定めるもの（**標準**），③省令等の基準を参酌するもの（**参酌すべき基準**）の区分に沿って制定されることになった[4]。

このうち，従うべき基準がこれと異なる内容を許容しないのに対して，標準の場合には，説明責任を負うものの合理的理由があれば標準と異なる内容を規定することが可能である。さらに，参酌すべき基準の場合には，基準を十分参

---

[4]　2009年12月の閣議決定の定義では，「従うべき基準」とは，条例の内容を直接的に拘束する，必ず適合しなければならない基準であり，当該基準に従う範囲内で地域の実情に応じた内容を定める条例は許容されるものの，異なる内容を定めることは許されない。これに対して，「標準」では，法令の「標準」を通常よるべき基準としつつ，合理的な理由がある範囲内で，地域の実情に応じた「標準」と異なる内容を定めることが許容される。さらに，「参酌すべき基準」では，地方自治体が十分参酌した結果としてであれば，地域の実情に応じて基準と異なる内容を定めることが許容される。

照すれば，基準と異なる内容を規定することが可能である。つまり，従うべき基準，標準，参酌すべき基準の順で拘束力が強いことになる。その分，従うべき基準の場合には，地域の実情よりも全国的な基準の必要性（例えば，人権に関わる事項）が条件となると考える。

## ● ● ● 第2節 福祉計画 ● ● ●

### 1 計画の意義 ● ● ●

**行政計画**は，一般に行政の目標を設定し，その達成手段を規定するものであり，法定計画とそれ以外がある。また，法定計画であっても，計画期間，義務・努力義務・できる規定の別，法的拘束力の有無，拘束力の程度などは区々である。現代における行政計画の眼目は，行政の計画化を通じて PDCA サイクル（計画→実行→評価→改善）を実現することにある。

社会福祉においても，地域福祉計画を筆頭に行政計画は多用されている。その特徴としては，計画策定段階・過程を通じた住民，当事者等の参加・関与が重視されることと，国・都道府県・市町村を跨がる計画の階層性及び関連計画間の調和条項，配慮条項等が存在することが多い点が挙げられる。

### 2 各種計画の体系 ● ● ●

この社会福祉分野で多用される計画であるが，その機能にはボトムアップとトップダウンの両面性がある。すなわち，地方公共団体を通じて把握された福祉需要を国からの施設整備等の予算に反映させるボトムアップの側面（例えばゴールドプラン，エンゼルプラン等）とともに，予算配分を通じて施設整備等が進められたり，それも含めて保険料等の地方財政に跳ね返っていくトップダウンの側面である（例えば介護保険）。この行政計画の役割は，子ども・子育て支援法の市町村子ども・子育て支援事業計画をはじめ，個人給付方式によるサービス提供において個人の権利を実現する上で重要な政策手段となっている。

このほか政策手段という点では，地域の社会福祉の在り方の青写真を描くことよりも，特定の政策目的実現にインセンティブを付与することを目的として財源交付と一体化した計画が存在する。例えば，保育所等の整備促進のための「市町村整備計画」である（児福法56-4-2条）。これは，保育所整備等が必要

な地域におけるその促進を目的としており，計画を前提に国から保育所整備等交付金が交付される。このため，市町村の子ども・子育て支援事業計画と調和の確保が必要だが（児福法 56-4-2 条 3 項），計画と交付金が一体化している点で一般的な福祉計画と異なる。

## 3　計画導入の流れ　● ● ●

　社会福祉における行政計画の導入は，高齢者介護分野が先導してきた（図 4-2）。具体的には，1989 年，三大臣合意に基づく**ゴールドプラン**により高齢者保健福祉サービスの計画的整備が始まることになるが，1990 年の**福祉八法改正**により地方公共団体による**老人保健福祉計画**の策定が義務付けられ，法定計画としての位置付けが付与されることになる。その後，介護保険法の施行に

図 4-2　福祉計画の種類

| |
|---|
| （全体）1994 年　高齢社会福祉ビジョン懇談会<br>　　　　　　　→年金：医療：福祉を 5：4：1 から 5：3：2 へ<br>　⇓<br>介護保険制度創設及び少子化対策強化へ |
| （高齢者）<br>1989 年　高齢者保健福祉推進十か年戦略（ゴールドプラン）<br>1994 年　高齢者介護・自立支援システム研究会報告<br>　　　　　「新たな高齢者介護システムの構築を目指して」<br>1994 年　新・高齢者保健福祉推進十か年戦略（新ゴールドプラン）<br>1999 年　今後 5 か年間の高齢者保健福祉施策の方向〜ゴールドプラン 21〜 |
| （子ども）<br>1994 年　今後の子育て支援のための施策の基本的方向について（エンゼルプラン）<br>2000 年　重点的に推進すべき少子化対策の具体的実施計画について（新エンゼルプラン） |
| （障害者）<br>1992 年　障害者対策に関する長期計画<br>1995 年　障害者基本計画（障害者対策に関する新長期計画）<br>　　　　　障害者プラン〜ノーマライゼーション 7 か年戦略〜<br>2002 年　新障害者基本計画＋新障害者プラン<br>2013 年　障害者基本計画（第 3 次）<br>2018 年　障害者基本計画（第 4 次） |

（出典）筆者作成

伴い，介護保険法の**介護保険事業計画**（市町村）及び**介護保険事業支援計画**（都道府県）が登場し，老人保健福祉計画と一体的に策定されることになった。

　障害者分野については，障害者基本法に基づく障害者計画が国，都道府県及び市町村の三段階で存在している。これとは別に障害者総合支援法に基づき国が策定する基本指針に即して，都道府県及び市町村で障害福祉計画が策定されるが，これは障害者計画と一体的又はその実施計画として策定することが可能となっている。障害児に関する基本指針，都道府県障害児福祉計画及び市町村障害児福祉計画も同様の構造であり，障害者総合支援法の基本指針及び障害福祉計画と一体的に策定・作成することができるようになっている。

　子ども・子育てについては，子ども・子育て支援法に基づく国の基本指針，都道府県の子ども・子育て事業支援計画，市町村の子ども・子育て事業計画が策定される。

　地域福祉については，2001年の社会福祉基礎構造改革により，社会福祉法の中に都道府県及び市町村の**地域福祉計画**が規定されることになった。さらに，2017年の改正により，地域福祉計画の策定は都道府県及び市町村の努力義務とされた。このように，各種計画の上位計画としての同計画の法的位置付けは高まってきており，地域福祉推進のための計画であると同時に，福祉各分野を包含し，つなぐ計画となっている。このため，各種福祉計画と一体的に策定することが可能である。とりわけ，現在のように数多くの福祉計画がタテ割りで存在する場合には，計画相互の整合性を確保する上でも，全体を束ねる横串の計画の必要性は大きいと言える（図4-3，図4-4）。

　なお市町村においては地域における総合的かつ計画的な行政の運営を図るための基本構想の策定が義務付けられていた（旧自治法2条4項）が，2011年の制度改正により当該義務付けが廃止された。ただし，市町村の判断で議会の議決を経た上で基本構想を策定することは許容されており（2011年5月2日付総行行第57号・総行市第51号「地方自治法の一部を改正する法律の施行について（通知）」），その場合には地域福祉計画等も基本構想の下で作成されることになる。

図4-3　法定の計画

| 分　野 | 法　律 | 国 | 都道府県 | 市町村 |
|---|---|---|---|---|
| 全　体 | 社会福祉法 | | 都道府県地域福祉支援計画⁺ | 市町村地域福祉計画⁺ |
| 障害者 | 障害者基本法 | 障害者基本計画* | 都道府県障害者計画* | 市町村障害者計画* |
| | 障害者総合支援法 | 基本指針* | 都道府県障害福祉計画* | 市町村障害福祉計画* |
| 子ども | 少子化社会対策基本法 | 少子化社会対策大綱* | | |
| | 次世代育成支援対策推進法 | 行動計画策定指針* | 都道府県行動計画⁺ | 市町村行動計画⁺ |
| | 子ども・子育て支援法 | 基本指針* | 都道府県子ども・子育て支援事業支援計画* | 市町村子ども・子育て支援事業計画* |
| | 児童福祉法 | | 都道府県障害児福祉計画* | （保育所等の）市町村整備計画⁺ |
| | | 基本指針* | | 市町村障害児福祉計画* |
| 母子等 | 母子・父子・寡婦福祉法 | 基本方針* | 自立促進計画⁺ | |
| 高齢者 | 高齢社会対策基本法 | 高齢社会対策大綱* | | |
| | 介護保険法 | 基本指針* | 都道府県介護保険事業支援計画* | 市町村介護保険事業計画* |
| | 医療介護総合確保法 | 総合確保指針* | 都道府県計画⁺ | 市町村計画⁺ |
| 医　療 | 医療法 | 基本指針* | 医療計画*（＋地域医療構想*） | |

（注）＊義務　　＋努力義務・できる規定

（出典）筆者作成

図4-4　自治体が策定する医療・介護関係計画

○県中心の医療と市町村中心の介護とのブリッジ（橋渡し）

| | 医　療 | 介　護 |
|---|---|---|
| 都道府県 | ○医療計画（第7次：平成30年度〜）<br>○地域医療構想（平成27年度〜）<br><br>○医療介護総合確保法都道府県計画（平成27年度）<br>＊医療介護の総合的確保事業の実施計画<br>○医療費適正化計画（第3期：平成30年度〜） | ○介護保険事業支援計画（第7期：平成30年度〜）<br>＊老人保健福祉圏域の施設定員等 |
| 市町村 | ○医療介護総合確保法市町村計画（平成27年度）<br>＊医療介護の総合的確保事業の実施計画 | ○介護保険事業計画（第7期：平成30年度〜）<br>＊サービス必要量等に基づく介護保険料率の設定 |

（出典）筆者作成

## 4　福祉計画の意義 ● ● ●

各種計画を福祉計画と総称するなら，次のような意義があるといえる。

① 福祉サービスの計画的拡充

措置制度の下では，福祉サービス量は財源（予算）に縛られており，極端な場合，予算枠の範囲で施設整備の個所付けが行われた。待機問題が発生してきた原因の一端も，ここにある。福祉サービス需要を積み上げ，必要な予算を確保することは，福祉計画がないままの措置制度でも不可能ではないにしても，実態としては，そのような意識は稀薄だったと言えよう。

これに対して，福祉計画は，地域の福祉ニーズの積み上げを全国計画の目標とし，それに財源的裏付けを付与することに寄与した。

② 福祉サービスの均霑化

社会福祉は基本的に自治事務であり，とりわけ措置制度においては，行政裁量が大きかった。このことは，福祉サービスの地域間格差を発生させる蓋然性が高かった。

これに対して，福祉計画は，国，都道府県，市町村の三層構造で策定される

場合が多く，かつ，財源保障を伴うことも多いことから，全国的なサービスの均霑化のための誘導策として機能してきた。

③ 福祉サービスの面的整備

対人サービスを中心とする福祉サービスにあって，各種計画は圏域等を設定することにより，ソーシャルキャピタル（社会資源）を投入するための手段になっている。このことは地域福祉の観点からも重要で，多職種連携を地域レベルで達成するための拠り所ともなる。また，社会福祉立法は，地域や関係者の自主性に委ねるのが適当な部分が大きい分野であり，結果として規律密度が低くなる点を補う側面が行政計画にはある。

④ 福祉サービスの民主的統制

福祉計画を法定化する際に，住民，ステークホルダー等の参画，関与等を規定すること，また，計画が公表されること等により，福祉サービスの透明性及びアカウンタビリティが確保される。このことは，福祉サービスへの民主的統制の点で重要である。いうなれば，行政のための行政計画ではなく，地域・住民のための行政計画への転換のための担保が民主的統制である。

これらの点を総括するなら，福祉計画の登場及び法定化は行政作用のパラダイム転換を促進することになった。すなわち，措置制度，機関委任事務といった川上から川下に向かう行政作用から，行政需要を適切に汲み上げ福祉サービスの拡充・均霑化を図るという川下から川上に向かう行政作用への転換である。このことは，社会福祉が措置から契約に向かう際に，サービスの適切な提供を側面から担保することになったといえる。


## ● ● 第3節　社会福祉の財政 ● ● ●

### 1　社会福祉の財政規模 ● ● ●

社会保障の規模を表す統計としては「社会保障費用統計」（国立社会保障・人口問題研究所）の中の社会保障給付費がある。これにより給付費の全体規模を継続的に把握することが可能になる。このような統計の必要性は社会保障財政の複雑さに基づく。社会保障の財源には国家予算の他に保険料，地方公共団体予算等が含まれており，国の場合にも特別会計が存在し，更に地方公共団体の場合にも，地方税財源のほか地方交付税，国庫負担・補助等が入り混じる。

　社会保障給付費の給付費とは，一般に社会保障制度から支出される給付等を意味し，利用者の自己負担を含まない。社会福祉には，費用徴収規定が存在し，全てが給付対象とならない場合があることから，公的に支給される部分という点では給付費は妥当性を有している概念である。

　現在，生活保護の財政規模を介護保険が超えており，少子化対策の観点から児童手当，子ども・子育て支援等の財政規模も増大している。また，障害者総合支援法等を通じて，障害者施策の充実も図られている。この結果，社会保障の中での社会福祉の割合は増大し，年金：医療：福祉は，かつての5：4：1から5：3：2になっている。

　給付行政を柱とする以上，財政規模が重要な物差しであることは言うまでもない。留意すべきは，財政規模が対象者の人数規模，サービスの密度・難易等から影響を受けるのは当然として，同時に施設・在宅等の比重，医療と福祉の役割分担といったサービスの在り方に関わる制度設計からも影響を受けることである。このことは，かつて措置制度であった老人福祉に対して，フリーアクセスが保障された医療保険が高齢者サービスの代替をしていたことからも首肯されよう。それだけに，法制度の在り方が財政に影響を与える。

　逆に財政が法制度に影響を与える面もある。例えば特別養護老人ホームの基準が改善されたのに対して，戦後から近年まで児童養護施設の基準が基本的に据え置かれてきたのには，財源確保の問題が大きく影響している。また児童手当は頻繁に改正されてきたが，子ども手当が登場するまでは，公的年金等控除見直し財源の一部が投入されたことはあるにせよ，比喩的に言えば財源枠の中で縦横に伸縮させることで全体の面積はほぼ同じままであった期間が長い。

　このように財政は，それ自体が法的な問題であるのに加え，制度設計に影響するという点も法的に重要である。

## 2　社会福祉の財政方式　● ● ●

　社会福祉の財政方式を大別するなら，給付方式に対応する形で**社会保険と社会扶助**に二分される（第1章第1節2参照）。このうち社会保険方式は，社会福祉では介護保険に限定される。

　中核を成す社会扶助方式は，給付と保険料拠出の牽連性が切断されていることに特徴がある。従って，社会扶助の財源は，基本的に国又は地方公共団体の公費（税）である。ただし，児童手当，放課後児童クラブ等には，子ども・子

育て拠出金を財源として，国の年金特別会計（子ども・子育て勘定）から交付
金が投入される。この場合，事業主拠出はワークライフバランス対策等の目的
は有しているが，給付との牽連性は各種拠出金の中でも弱いといえよう。

　社会扶助に限らないが，費用（給付の支給，事業等）の支払に関する支払義
務者と最終的な費用の負担又は補助に係る費用負担者が分かれる場合がある。
このため，多くの社会福祉立法（生活保護法，児童福祉法，子ども・子育て支援
法，障害者総合支援法等）では，支払義務者からの社会扶助給付の支払いを
「**支弁**」という。これに対して，社会手当（児童手当法，児童扶養手当法及び特
別児童扶養手当法）の場合には，社会保険と同じように支弁という用語は登場
しないが，費用負担規定が設けられている。

　この費用については，使途目的の観点から，①ランニングコスト（経常的経
費）である施設等の運営費，②イニシャルコスト（投資的経費）である施設整
備費，③行政の事務経費である事務費に分かれる。措置費時代には，委託費で
ある①と施設整備費等補助金である②が厳然と分かれていたが，介護保険や個
人給付方式の登場により，医療保険と同じように事業者への報酬の中に減価償
却も織り込む方法が登場している。また，事務費は，地方公共団体の人件費等
の経費であり，事務の定着等を基準に一般財源化されてきている。従って，現
在，国から地方公共団体への事務費は例外的である。具体的には，例外的に存
続する生活保護指導監査委託費である。これは，最後のセーフティネットであ
る生活保護制度が適正に機能するよう，監査を実施する生活保護指導職員を都
道府県・指定都市本庁に配置するためのものである。

## 3　社会福祉の財源　●　●　●

　社会福祉の大半は地方公共団体を通じて実施されている。国庫補助等の国の
負担を別とすると，地方の財源は，地方税，地方交付税，譲与税等の**一般財源**
（地財法4条）である。

　これまでの地方分権，とりわけ三位一体改革により，社会福祉関係の費用に
ついては地方の一般財源化が進められてきている。分野で言うと，児童福祉は
少子化で行政需要の減少が見込まれるためか，2004年度から2005年度に実施
された三位一体改革（国庫補助負担金，地方交付税及び税源の三位一体）により
公立保育所の運営費等が一般財源化された。

　費用の負担割合は，地方公共団体のうち支払義務者が都道府県，市町村等の

いずれであるかによって異なるが，一般財源化された事務を除けば，国の費用負担を伴うのが通例である。この国の費用負担を補助金等と総称するなら，大きく①**国庫負担**（義務的）と②**国庫補助**（奨励的）に分類される[5]。

使途目的の観点からは，補助金等も前述のイニシャルコストとランニングコストに対応する形で，①社会福祉施設等施設整備費国庫補助金等の補助金と②措置費・運営費・給付費等に分類される（図4−5）。なお措置方式から社会保険方式等への転換，地方分権の促進等により，措置制度の下で多用されていた社会福祉施設等施設整備費国庫補助金の補助対象は少なくなっている[6]。とりわけ，2005年の三位一体改革により，税源移譲に加え**交付金化**の改革が実施されたことから，少子化対策等の分野では次世代育成支援対策施設整備交付金，介護等の分野では地域介護・福祉空間整備等施設整備交付金が創設された。これら交付金は特定の目的実現のため交付されるが，地方公共団体の自主性を重視し，補助金よりも弾力的・包括的な使用が可能な制度となっている。

社会福祉分野でも，**基金**が造成されることがある[7]。この基金とは，地方自治法（241条1項）によれば，「特定の目的のために財産を維持し，資金を積み立て，又は定額の資金を運用する」目的で設置される財産である。同規定によれば，基金は，①財産維持，資金積立のための基金と②定額の資金運用のための基金に大別され，①は運用益のみならず原資も処分できるのに対して，②

---

(5)　補助金等適正化法（2条）によれば，「補助金等」の中には補助金，負担金（国際条約に基づく分担金を除く），利子補給金，その他相当の反対給付を受けない給付金であって政令で定めるものが含まれる。補助金等適正化法施行令（2条）では，児童福祉法（56−4−3条2項），介護保険法（122条1項，122−2条），子ども・子育て支援法（68条2項）等の交付金も含まれる。また，交付金に関しては，施設整備（ハード）及び事業（ソフト）の促進のための補助金等のうち，伝統的な個別経費の積み上げではなく，地方公共団体の自主性に委ねるために包括化・弾力化されたものを交付金と呼ぶ場合がある。このように補助金等の呼称は制度によって区々であるが，法的には義務的性格の有無が重要であり，その観点で分類することにしたい。

(6)　伝統的に救急，周産期等の特定の政策目的に限定された補助金（現在は医療提供体制施設整備交付金）しか存在しなかった医療と異なり，社会福祉分野では，社会福祉法人等に対する一般的な補助金が重要な位置を占めてきた。つまり，社会福祉法人等の場合，施設整備の補助金に加え，（独）福祉医療機構の福祉貸付事業による融資が加わり，残りが自己資金というのが基本構造であった。

(7)　基金には，基金の取り崩しにより事業を実施する取崩型基金と基金の運用益で事業を実施する果実型基金がある。

## 図4-5　施設整備費補助金等の概観

| 名称 | 対象 | 負担割合 |
|---|---|---|
| 社会福祉施設等施設整備費国庫補助（負担）金 | ① 保護施設（救護施設，更生施設，授産施設，宿所提供施設）【生活保護法】<br>② 社会事業授産施設【社会福祉法】<br>③ 障害者福祉サービス事業所（療養介護，生活介護，自立訓練，就労移行支援・就労継続支援），障害者支援施設【障害者総合支援法】<br>④ 居宅介護事業所（居宅介護事業所，重度訪問介護事業所，同行援護事業所，行動援護事業所），短期入所事業所，共同生活援助事業所，相談支援事業所【障害者総合支援法】<br>⑤ 身体障害者社会参加施設（補装具製作施設，盲導犬訓練施設，視覚障害者情報提供施設）【身体障害者福祉法】<br>⑥ 児童福祉施設（障害児入所施設，児童発達支援センター），放課後等デイサービス事業所【児童福祉法】<br>⑦ 保育所等訪問支援事業所，障害児相談支援事業所【児童福祉法】<br>⑧ 福祉ホーム【障害者総合支援法】<br>⑨ 応急仮設施設 | 国：都道府県：社会福祉法人等＝1／2：1／4：1／4 |
| | ⑩ 地域移行支援型ホーム | 定額 |
| | ⑪ その他施設 | 国：都道府県：社会福祉法人等＝1／2：1／4：1／4 |
| 地域介護・福祉空間整備等交付金 | ① 介護予防・生活支援拠点<br>② 既存の小規模福祉施設等のスプリンクラー設備<br>③ 認知症高齢者グループホーム等防災改修等<br>④ 防災対策強化 | 大臣の定める額 |
| 次世代育成支援対策施設整備交付金 | ① 児童福祉施設（助産施設，乳児院，母子生活支援施設，児童厚生施設，児童養護施設，児童心理治療施設，児童自立支援施設），一時保護施設，職員養成施設，児童自立生活援助事業所，地域子育て支援拠点事業所，小規模住居型児童養育事 | ［設置主体が民間］<br>a. 児童厚生施設<br>　国：地方公共団体：設置主体＝1／3：1／3：1／3<br>b. 児童厚生施設以 |

| | | |
|---|---|---|
| | 業所，利用者支援事業所，子育て支援の ための拠点施設，市区町村子ども家庭総 合支援拠点【児童福祉法，子ども・子育 て支援法等】<br>② 一時保護施設，婦人保護施設【売春防止 法】<br>③ その他施設 | 外<br>　国：地方公共団 体：設置主体＝1／ 2：1／4：1／4<br><br>[設置主体が地方]<br>a. 児童厚生施設<br>　国：地方公共団体 ＝1／3：2／3<br>b. 児童厚生施設以 外<br>　国：地方公共団体 ＝1／2：1／2 |

（注）表の記載については，一部簡略化している。
（出典）筆者作成

は運用益により事業を営むことを想定していることになる。地方公共団体に基
金を設置する場合には条例が必要である（自治法241条1項）。

　社会福祉においては，ゴールドプランと同時期の1991年に地域主導の福祉
を促進するための「高齢者保健福祉推進特別事業」により，「地域福祉基金」
が創設された。当該基金には地方交付税による財政措置も講じられており，果
実型基金として在宅福祉，ボランティア等の地域福祉の推進のための助成が行
われている。このほか，ボランティア活動支援のため社会福祉協議会に造成さ
れる「ボランティア基金」がある。更に近年登場している基金としては，次の
例がある。
・地域医療・介護総合確保法に基づく「地域医療介護総合確保基金」であり，
　消費税引上財源の投入による基金事業の一つが介護事業となっている。
・介護保険法（147条）に基づく「財政安定化基金」であり，市町村の給付の
　増大等による財源不足に対応するため資金の交付・貸付を行う。財源は，
　国・都道府県・市町村の拠出により賄われる。

## 4　地方財政との関係　●　●　●

　地方公共団体を通じて実施されることが多い社会福祉にあっては，地方財政
との関係が重要である。中でも重要な法律は地方交付税法と地方財政法である。
　このうち地方交付税法が規定する**地方交付税**は，財政保障機能と財政調整機

能を備えた地方公共団体の固有財源であると理解されており，普通交付税と特別交付税から成る。普通交付税は，一般的な需要を賄うためのものであり，基準財政需要額に対する基準財政収入額の不足分（財源不足額）が交付されるが，基準財政需要の中には厚生労働費として生活保護費，社会福祉費，高齢者保健福祉費等が入っている。このほか，社会福祉費の場合には人口規模が基準の基本となるが，保育所のように人口だけでは需要が測定できないものもあることから，密度補正等により基準財政需要の補正が行われる。これに対して特別交付税は，特別・緊急の財政需要等に対して交付される。

　次の地方財政法も社会福祉の関係で重要である。例えば，地方公共団体による**起債**は一般に制限されているが，社会福祉施設は「保育所その他の厚生施設」として地方債の起債対象である（5条）。また，地方公共団体の事務は当該地方公共団体が費用を負担するのが原則である（9条）が，生活保護，精神障害者保健福祉，身体障害者更生援護，婦人相談所，知的障害者援護，介護保険，児童一時保護等，児童手当，障害児福祉手当，特別障害者手当，児童扶養手当，子ども・子育て支援法の教育・保育給付（地方公共団体設置施設以外），生活困窮者自立支援法の事業等は，国と地方の相互の利害に関係することから円滑な事業運営のため国が全部・一部経費を負担することが認められている（10条）。

　このほか，地方公共団体が経営する企業に適用される**地方公営企業法**は，管理者への権限付与，企業会計原則の採用等の特徴を有することから，水道，鉄道等には当然適用されるが，それ以外であっても「当該事業の経営に伴う収入をもつて充てるものについて，条例で定めるところにより，法の規定の全部又は財務規定等を，条例で定める日から適用することができる」（令1条）。この結果，介護老人福祉施設等の介護事業に関して公営企業形態が存在している。

## 5　補助金等の規範的根拠　● ●

　補助金等のうち**国庫負担**は，その義務的性格から法定であるが，**国庫補助**の方は，法定の場合もあるが，常に法定である必要はない（総論・保険法第6章第3節参照）。また，国庫補助は，その性格上「できる規定」であるが，反復継続により既得権化することがある。

　このような補助金等をより掘り下げて考えると，奨励助長，利用者負担軽減，財政安定，地域間格差是正等がその目的として挙げられる[8]。つまり，補助金等の必要性の根底には，政策誘導といった政策目的が存在していることにな

る。ただ，地方財政法は，法定受託事務である場合も含め，地方公共団体による負担を原則としており，国としても地方公共団体による事務の実施を法律に規定すれば足りるとも言える。それゆえ，補助金等により，事務の「円滑な運営を確保するためには，なお，国が進んで経費を負担する必要」性（地財法10条）が求められることになる。

　この点，憲法との関係が重要となる。義務教育国庫負担の場合には，義務教育費国庫負担法が法目的に掲げる義務教育の無償性，水準確保の必要性は，憲法の教育権に由来する。社会福祉における補助金等の場合，最低限度の生活保障である生活保護に止まらず他の社会福祉分野も含めて憲法25条の生存権保障の実現が根底にあると考えられる。このような憲法上の要請は，地方財政法をして社会福祉の補助金等を「なお」必要なものとして是認せしむるに足る理由と言えよう。

## 6　憲法89条との関係　●　●　●

　憲法89条は，公の支配に属しない慈善・博愛の事業への公金等の支出を禁止する**公金支出禁止規定**である。社会福祉に関する限り，本規定の趣旨には**公私分離原則**に基づく民間社会福祉事業の自主性確保があると考えられる。実際，社会福祉法は社会福祉事業の事業経営の準則として，①責任転嫁等の禁止，②民間社会福祉事業の自主性の尊重，③民間社会福祉事業の独立性の維持を規定している（61条1項）。この眼目は，車の両輪関係とも言うべき公と私の連携を否定しない形で，国・地方公共団体と民間社会福祉事業経営者がそれぞれの責任を明確にすることにより，社会福祉の発展を期することにある[9]。

　かかる憲法上の制約の是非は議論があるところであるが，戦後の社会福祉制度は，社会福祉事業を公の支配の下に置くことにより公金支出禁止規定を回避してきた。つまり，公益法人よりも強い規制に服する社会福祉法人制度を創設するとともに，社会福祉事業法及び福祉各法による指導監督規定等を設けることにより，措置制度及び措置費の体系に社会福祉法人を組み込んできた。さらに，社会福祉法は，社会福祉事業経営者に措置を委託することを妨げないことを入念的に規定している（61条2項）。

---

(8)　台豊「社会福祉法と財政」日本社会保障法学会編『新・講座社会保障法2 地域生活を支える社会福祉』（法律文化社，2012年）69-70頁

(9)　社会福祉法令研究会『社会福祉法の解説』（中央法規，2001年）229-230頁

　とはいえ，現在，社会保険，個人給付方式等の契約制度が増えるにつれ，社会福祉の中でも慈善・博愛の事業ではない部分が増大している。例えば，介護保険の場合であれば，経営実態に関する調査に基づき，減価償却も勘案した費用に見合う報酬が支払われる。それ以外の個人給付方式の場合にも，事業者に対しては費用に見合う報酬が支払われる。従って，社会福祉事業に関する限り，憲法89条が直接問題になる場面は少なくなっているのが現状である。

　これに対して，社会福祉に関連する法定外の事業や社会福祉法人等のような厳格な規制に服する法人以外の事業者となると，公費濫用防止の観点から，憲法89条が問題になる可能性がある。確かに慈善・博愛の美名の下に公金が不当に支出されることは抑止されるべきであり，その点では憲法89条には依然として意義があることになる。ただし，「公の支配」については，人事，予算等に公権力が直接的に関与するほどの厳格さは要求されないと解される[10]。

## ● ● 第4節　利用者負担 ● ● ●

### 1　概　観 ● ●

　財政という点では，福祉各法の**費用徴収**規定に基づく利用者負担も重要である。利用者負担については，措置方式の場合だと，利用者等が措置権者等の支弁者に支払うのに対して，社会保険及び個人給付方式の場合には，利用者等は事業者に支払うことが基本となる。

　ここで利用者負担の徴収の対象は，利用者本人のみの場合と一定範囲の扶養義務者に及ぶ場合がある。例えば，児童福祉法（56条），老人福祉法（28条），身体障害者福祉法（38条）及び知的障害者福祉法（27条）の場合には，本人又は民法上の扶養義務者（通知等により扶養義務者の範囲が限定される場合がある）である。これに対して，社会保険及び個人給付方式の場合には，現金給付の現

---

（10）　東京高判平成2年1月29日高裁民集43巻1号1頁（町が幼児教室に不動産を無償利用させ，補助金を支出したことに対しての公金支出差止等の請求事案である。裁判所は憲法89条の趣旨が公の財産の濫費の防止にあるとの前提に立ち，その場合の公の支配の「程度は，国又は地方公共団体等の公の権力が当該教育事業の運営，存立に影響を及ぼすことにより，右事業が公の利益に沿わない場合にはこれを是正しうる途が確保され，公の財産が濫費されることを防止しうることをもって足りる」と判示している）

物給付化により，費用から利用者負担分を控除した額が給付費の支給対象となることから，法文上負担者が誰かは明示的ではないが，利用者（利用者又は保護者）以外に扶養義務者からも徴収するという法律構成にはなっていない。

負担の設定方法には**応能負担**（所得等の負担能力に応じて発生する負担）と**応益負担**（所得等の負担能力に関係なく受益に応じて発生する負担）がある。措置及び保育所方式の場合には，「負担能力に応じて」徴収されることから，応能負担が採用されている。これに対して社会保険及び個人給付方式の場合には，介護保険のように定率の応益負担を基本とする場合もあるが，子ども・子育て支援法及び障害者総合支援法のように世帯の所得状況，家計の負担能力等を勘案・斟酌して設定される点で応能負担の場合もある。ただし，定率負担の場合であっても，介護保険の補足給付のように低所得者の負担軽減がなされれば，結果的に応能負担といえる（**総論・保険法第 7 章第 1 節 3 (1)参照**）。このほか，任意契約方式の中には，軽費老人ホームの利用料のうちサービス提供費用部分のように，応能負担原則（入所者の所得状況等を勘案して都道府県知事が金額を設定）が省令（軽費老人ホームの設備及び運営に関する基準）に規定されることがある。

更に留意すべきは，応能負担原則が必ずしも負担が軽いことを意味しないことである。措置制度の場合であれば，支弁額の全部又は一部と規定されることから，全額徴収があることになる。実際，養護老人ホーム等への措置の場合にも，負担能力によって異なる費用徴収の上限は支弁額となっている。なお，子ども・子育て支援法の場合には，所得が高い保護者であれば，保育所等の利用者負担は公定価格に相当する全額徴収となっていたが，2019 年の幼児教育の無償化により，保育所等の施設型給付費も無償となった。

## 2 法 的 性 格 ●●●

社会福祉における費用徴収をめぐっては，利用者負担を**受益者負担**や**原因者分担**とする考え方が存在してきた[11]。措置制度の下で反射的利益説の前提に

---

(11) 利用者負担を受益者負担と理解する説としては，費用負担をその目的・機能から説き起こす堀勝洋『福祉改革の戦略的課題』（中央法規，1987 年）65-76 頁，原因者分担とする説としては，社会福祉の基本構造を公的責任原理からの費用自己負担に対する修正と捉える河野正輝『社会福祉の権利構造』（有斐閣，1991 年）240-241 頁が代表的である。

立った場合に，契約関係でないにも関わらず，受益者として利用者負担を求めることには難がある。その一方，費用徴収の対象が扶養義務者に及ぶことからすれば，扶養義務者が原因者と言えるかといった疑問が残る。少なくとも措置制度の下での利用者負担は，サービスの対価ではなく，法律に特別の根拠をもつ負担金ということになる[12]。

　ここで考慮すべき点として**租税法律主義**の問題がある。仮に利用者負担に受益性が存在しないとすれば，措置制度の下での地方公共団体による費用徴収に関する限りそこに租税法律主義が及ぶ可能性があるが，具体的な徴収基準までは法定されてこなかった[13]。この点では，利用者負担にはなにがしかの受益性が存在し，費用徴収の上限が全額徴収であることで租税法律主義にも抵触しないと考えるべきである。しかし，その一方で社会保険方式の場合も含め，利用者負担の設定に当たって応能負担的要素が強くなっている傾向に照らすと，生存権保障としての公私の責任分担の側面，特に生活維持自己責任原則との折り合いの要素も否定できない。従って，利用者負担は，受益者負担であったとしてもその設定方法において原因者分担の要素も入っていることになり，詰まるところ福祉各法が規定する特別な負担であると解するほかないであろう。

　ここで注意すべきは，現在，措置制度の他に社会保険方式，個人給付方式等が登場し，しかも子ども・子育て支援法のように同一制度に保育所方式と個人給付方式が混在する場合もあることである。現在の社会福祉の柱となった個人給付方式に則して考えると，措置制度とは異なる特徴を有する。利用者と事業者の関係は契約であること，市町村等から支払われる報酬は本来利用者に支払うべき給付費の法定代理受領であること，更に利用者が直接事業者に支払う利用者負担は給付費で補塡されない費用部分であることが挙げられる。このような特徴に鑑みるなら，利用者負担は，提供されたサービスの対価の一部分ということになる。ただし，留意すべき点が2つある。第一に，個人給付費方式の場合には，給付費で補塡されない残額を決定する際に世帯の所得，家計の負担能力等を斟酌する結果，応能負担による利用者負担となるが，法文上は利用者

（12）　京都地判平成 11 年 6 月 18 日賃社 1269 号 56 頁
（13）　費用徴収が地方自治法（228 条）の分担金，使用料，加入金又は手数料に当たるならば，条例で規定すべきことになる（条例主義）。この点，保育料変更処分取消請求事件に関する東京高判平成元年 9 月 27 日判自 74 号 54 頁は，条例ではなく規則で定めた徴収金（保育料）が分担金等に該当しないと判示している。

負担という概念は存在しないことである。第二に，同一制度の中で個人給付方式と他の方式が混在する場合には，性格の異なる利用者負担が併存すると解さざるを得ないことである。

# 第5章

# 公的扶助法

## ● 第1節　公的扶助の体系 ●

### 1　概　観

　法律には，「あるべき社会」ではなく現実に「ある社会」に着目した分野が
ある。この点，欠乏状態（ニーズ）の原因を問うことなくそこから権利として
法的効果が発生する生活保護法は，あるがままの現実を受け入れた制度である。
このことは，同法が**制限扶助主義**ではなく**一般扶助主義**を採ることにより，困
窮の原因にも素行等にも関係なく権利を付与することに表れている。

　また，拠出を要件としない社会扶助の中でも，生活困窮に対して最低生活の
保障を行う制度を**公的扶助**と捉えるならば，その中核を成すのが，生活保護法
である。しかし，**ミーンズテスト**（収入，資産等の資力調査）という生活保護の
特徴にこだわらなければ，生活保護が公的扶助の全てではない。このことは，
最低生活の保障に関連する次の制度の存在からも理解できる（図5-1）。

① 生活保障の観点からは，基礎年金等の中に無拠出制の年金が存在したり，
　 国民年金の保険料の免除（特に全額免除）の場合にも国庫負担分は給付され
　 る。

② 教育の観点からは，就学援助制度により文房具代，給食費等が支給される。

③ 住宅の観点からは，第2種社会福祉事業の中に無料低額宿泊施設が位置付
　 けられている（社福法2条3項8号）。さらに，公営住宅も，低所得の住宅困
　 窮者への低廉な家賃による住宅の提供である点で，社会福祉の性格を有す
　 る（公営住宅法1条）。

④ 医療・介護の観点からは，第2種社会福祉事業の中に無料低額診療及び無

図5-1 セーフティネットの相互関係

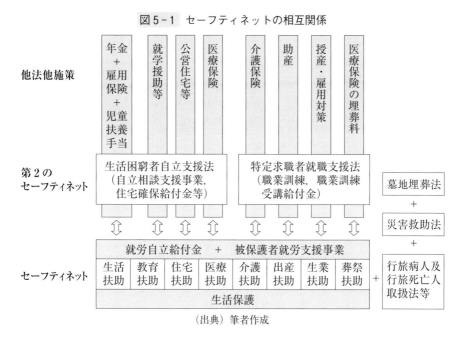

(出典) 筆者作成

料低額の介護老人保健施設利用が位置付けられている（社福法2条3項9・10号）。

⑤ 出産の観点からは，経済的理由による入院助産が困難な場合に妊産婦に対する助産が実施される（児福法22条）。

⑥ 生業支援の観点からは，第1種社会福祉事業の中に授産施設及び無利子・低利融資が位置付けられている（社福法2条2項7号）。

この他にも，行旅病人及行旅死亡人取扱法，墓地，埋葬等に関する法律（以下「墓地埋葬法」という），災害救助法等がある。すなわち，

⑦ 行旅病人及行旅死亡人取扱法は，行旅人の病気・死亡の場合の市町村による救護等の取扱いに関して規定している。この場合行旅病人とは，「歩行ニ堪ヘサル行旅中ノ病人ニシテ療養ノ途ヲ有セス且救護者ナキ者」，行旅死亡人とは「行旅中死亡シ引取者ナキ者」であり（1条1項），「住所，居所若ハ氏名知レス且引取者ナキ死亡人ハ行旅死亡人ト看做ス」（1条2項）とされている。この規定振りからすれば，外国人，ホームレスの人等も同法の対象になり得ると解する。

⑧ 墓地埋葬法は，不明死体の埋葬・火葬を死亡地の市町村に義務付け，その

費用に関して行旅病人及行旅死亡人取扱法を準用する。このため，例えば身元不明の遭難者の埋葬・火葬は，墓地埋葬法によることになる。

⑨ 災害救助法上は，災害に対する応急的な救助として，避難所・応急仮設住宅の設置，食品・飲料水の給与，被服・寝具等の給与，医療・助産，被災者救出，住宅の応急修理，学用品の給与，埋葬等が実施される。生活保護法の緊急保護と比べても緊急避難的な制度である。

社会福祉施設について言えば，低所得者で利用料負担がない場合には，全額公費で賄われることになる。生活保護法には，救護施設等の保護施設が存在するが，利用者の中には重複障害者等の関係で障害者施設ではなく保護施設に入所している者もいる。その点では，社会福祉施設等は保護施設との接点を有しており，生活保護が社会福祉であることの一端がここにも表れている。

## 2　生活保護の位置付け ● ● ·

### （1）生活保護の重要性

公的扶助体系にあって生活保護は，最後のセーフティネットと言われる。確かに最低生活保障に関わる他制度が存在するとしても，普遍主義に立ち，原因を問わない生活保護法の果たす役割は大きい。また，法定受託事務で高率の国庫負担が存在する生活保護は，自治事務が多い社会福祉制度にあって異色である。さらに，ミーンズテストやケースワークを伴う点では，手続的に重装備な制度である。特に公的扶助に**ケースワーク**を伴うことは，かつての公的扶助ケースワーク論争に見られるように生活保護が所得保障のみの役割に止まらないことを意味する[1]。

ところで，他法他施策優先（本章第3節2(5)）との関係でみると，生活保護には，最初で最後のセーフティネットに近い実態が存在してきた面がある。例えば，学校教育法（19条）が規定する修学困難な児童生徒の保護者への経済的支援である就学援助制度では，生活保護受給者には教育扶助部分を除く修学旅行費用等に限って支給する市町村が見られる。つまり，生活保護が第一のセー

---

(1)　生活保護（公的扶助）の本質である最低生活保障との関係でケースワークを切り離すか，法（1条）が規定する自立助長に向かうように最低生活保障を行うかという仲村・岸論争に代表される論争である。保護の実施機関の役割に相談及び援助（27-2条）が規定され，様々な困難を抱える受給者がいる現在，生活保護法においてケースワークの重要性は高まっている。

フティネットとなっている実態がある。さらに，生活保護以外にセーフティネットが存在しない場合がある。このことが，生活困窮者自立支援法等の第二のセーフティネット論議の一つの背景である。つまり，第二のセーフティネットによる重層的な支援があってこそ，生活保護がその機能を果たしうることになる。とは言え，生活保護法が公的扶助の中核であることには変わりなく，同法の意義を的確に位置付けることが重要となる。

さらに，いわゆるホームレス問題の関係では，ホームレスの自立支援等に関する特別措置法があるが，その受け皿という点でも生活保護法は重要である。

## （2）生活保護の相対性

生活保護の比重，機能等は，他の社会保障制度との関係や地域・時代状況で変化する。戦後，社会保障の中核であった生活保護であるが，国民皆保険・皆年金の実施，福祉各法の充実等により比重は長期的に低下してきた。ところが，近年，生活保護受給者は増加している。かかる現象を見る際に重要なのは，数と割合である。確かに受給者の構成比における高齢者世帯の割合は大きいとしても，高齢者世帯の保護率は必ずしも高くなく，長期的には低下してきた。逆に母子世帯の受給者は，高齢者と比べ多くないとしても，保護率は高い。また，諸外国と比較した場合には，我が国の生活保護受給者は若年者も含めた稼働年齢層よりも高齢者世帯，母子世帯の比重が高い点に特徴がある。

## ● ● 第 2 節　生活保護の理念（理念論）● ● ●

### 1　実定法上の拠り所　● ● ●

現在の生活保護法は，1949 年の制度審勧告（生活保護制度の改善強化に関する勧告）を受けて，1950 年に制定された。歴史的には，生活保護法前史として，**恤救規則**（1874 年），**救護法**（1929 年），母子保護法（1937 年），軍事扶助法（1937 年），医療保護法（1941 年）が戦前に存在していた。戦後になると，緊急応急措置としての「生活困窮者緊急生活援護要綱」（1946 年）の後，GHQ に提出された「救済福祉ニ関スル件」を経て制定された **(旧) 生活保護法**（1946 年）が存在する。

これらの制度と比較すると，現行法は憲法（25 条）の生存権規定に基礎を置

くことを目的規定（1条）が謳っており，生活保護の規範的基盤は強固である[2]。しかも，憲法25条の2項のみを謳う国民年金法（1条）と異なり特に項を指定していないことも，生活保護法の特徴である（第2章第1節1参照）。

### 2　理念上の拠り所 ● ●

「自助」「共助」「公助」の体系（**総論・保険法第1章第1節4(5)参照**）にあって，生活保護が**公助**であることは間違いない。ただ，生活保護法は「自立を助長する」ことも同時に目的としており，**自助**の視点も存在している。このことの理解は多様であろうが，生活保護がケースワークを入れたことを踏まえるなら，現代的にはソーシャルワークの諸原理である社会正義，人権等との整合性が求められるであろう。従って，自立とは単に経済的自立だけを意味する訳ではない。

これとも関連するが，生活保護は連帯主義と博愛主義の観点からも捉えることができる。すなわち，近代における法の中核は契約モデルであるが，そこに存在する「給付（prestation；Leistung）」と「反対給付（contre-prestation；Gegenleistung）」が原理的に存在しないことが，公的扶助の特徴である。その点で，契約モデルとの類似性（擬似性）がある社会保険と異なり，扶助を契約モデルで説明することは困難であり，帰属による連帯（**総論・保険法第3章第1節2参照**）によってその権利性が根拠付けられることになる[3]。

### 3　機能上の拠り所 ● ●

社会保障に見られるいくつかの機能が公的扶助に典型的に表れる。具体的には，以下の機能である。

① **セーフティネット機能**……公的扶助が最後のセーフティネットであることである。

---

(2)　諸外国の場合には，ドイツのボン基本法（74条1項）が公的扶助に言及し，フランスの第四共和国憲法前文が共同体から適当な生活手段を取得する権利を規定する。これに対して，イギリス，アメリカ及びスウェーデンの場合には，憲法上公的扶助への直接的言及はない。

(3)　帰属による連帯の発現であるにもかかわらず，貢献による連帯に特徴的な対価性が，扶助にとって無視し得ない問題として存在している。現在，各国でワークフェアが議論される一つの背景は，扶助における対価性の不存在と思慮する。

② **所得再分配**機能……社会保障には垂直的所得再分配（高所得層から低所得層への所得の移転）と水平的所得再分配（同一所得層内の所得の移転）の機能があるが，公的扶助は前者の典型である。

③ **社会的（公的）扶養**機能……社会保障の機能として社会的（公的）扶養を挙げることができるが，扶助にはそのような扶養機能が内在している。

## ● ● ● 第 3 節　生活保護の原則（原則論）● ● ●

### 1　4 原理 4 原則 ● ● ●

生活保護は，原理・原則を明定し，それらが解釈・運用の拠り所となっているのが特徴である[4]。また，生活保護の権利性も，これら原理・原則の基礎の上にその実効性が担保されることになる。

#### （1）基 本 原 理

生活保護法は，以下の原理を総則（1 章）に掲げる。

① 国家責任による**最低生活保障の原理**（1 条）

　保護の実施の最終的責任は，生存権保障の責任主体としての国に帰属することを意味する。

② 保護請求権**無差別平等の原理**（2 条）

　要件を満たす限り保護請求権が付与されることを意味する。この結果，制限扶助主義であった旧生活保護法と異なり，現行制度では一般扶助主義が採用されることになる。

③ 健康で文化的な**最低生活保障の原理**（3 条）

　最低限度の生活とは，健康で文化的な生活を維持可能な水準であることを意味する。

④ 保護の**補足性の原理**（4 条）

　保護は，資産，能力その他あらゆるものを活用することを要件とすることを意味する。なお，扶養義務は優先の原則であって要件ではない（**本章本節**

---

[4]　実務上は，『生活保護手帳 2019 年度版』（中央法規，2019 年），『生活保護手帳別冊問答集 2019 年度版』（中央法規，2019 年）等が拠り所となっている。以下の記述も，これらに沿っている部分が多い。

2(4)参照)。また急迫保護（**本章第6節3**）の場合には，要件に関わりなく必要な保護が可能である。

## （2）原　　則

保護の実施に関して法は以下の4原則を掲げる（2章）。

### ① 申請保護の原則（7条）

　急迫時の職権保護を別とすれば，保護は生活困窮者の申請を待って行われることを意味する。すなわち，申請主義が原則であることを規定する。

### ② 基準及び程度の原則（8条）

　保護の基準は，要保護者の需要のうち，その者の金銭・物品で充足されない不足分を補塡する程度行うとともに，当該基準は，最低限度の生活の需要の充足に過不足ないものであることを意味する。

### ③ 必要即応の原則（9条）

　保護は，個人・世帯の実施の必要の相違を考慮して有効・適切に行うことを意味する。

### ④ 世帯単位の原則（10条）

　保護の要否・程度は，これによりがたい場合を除き，個人単位ではなく世帯単位で行うことを意味する。これは，個人の生活が通常世帯単位であり，家計を共同にすることを理由にする。このため，同一世帯の認定の目安は，同一居住・同一生計である。ただし，世帯単位は原則であることから，これによりがたい場合の例外が，同一世帯にありながら擬制的に個人単位で保護を実施する世帯分離である（例えば世帯の1人が長期入院する場合）。

## 2　保護の補足性　● ● ●

### （1）補足性の重要性

　保護の**補足性**は最後のセーフティネット発動の前提になることから，生活困窮者にとって，この要件はとりわけ重要である。補足性類似の要件は，ヨーロッパ大陸法の社会扶助にも存在する[5]。この背景には，資本主義社会における**生活（維持）自己責任原則**が存在すると考える。

---

[5]　補足性の原則に類似した考え方はドイツの連邦社会扶助法の社会扶助の後置性（BSHG §2 Nachrang der Sozialhilfe），フランスの社会扶助の補足性（subsidiarité）にも見られる。

## （2）資産の活用

　資産の保有の範囲については，国民の生活実態等の影響を受け，画一的に決められないことから，保護の実施要領でも相対的例示となっている。行政解釈・運用を概観すると，以下のとおりとなる。

　① 土地・家屋

　処分して最低限度の生活の維持のために活用するのが原則とも言えるが，実際には，次の場合を除くことになっている。

　a. 資産が現実に最低限度の生活維持のために活用されており，かつ，処分するよりも保有している方が生活維持・自立助長に実効が上がっているもの

　b. 現在活用されていないが，近い将来活用されることがほぼ確実な場合であって，かつ，処分するよりも保有している方が生活維持・自立助長に実効が上がると認められるもの

　c. 処分できないか，又は著しく困難なもの

　d. 売却代金よりも売却経費が高いもの

　e. 社会通念上処分が適当でないもの

　このうち居住用不動産については，処分価値が低額な場合に処分せず保有したまま保護を受けることが容認される。なお，2007年からは，高齢の生活保護受給層を対象としたリバースモーゲージ（要保護世帯向け不動産担保型生活資金）が導入されている。

　② 自動車

　原則として保有を認めず売却する必要がある。ただし，生活用品としての保有が原則認められないのに対して，事業用品としての保有は一定条件で許容される。また，障害者，山間僻地の居住者等が通勤のために必要とする場合，障害者が通院，通所及び通学のために必要とする場合等は容認される。

　自動車保有の限界点を一律に画することが困難であることもあり，裁判例も判断が分かれる[6]。

　③ 預貯金

---

(6)　公共交通機関の関係での通院上の必要性から自動車保有を認めた最近の裁判例としては，大阪地判平成25年4月19日判時2226号3頁，判タ1403号91頁がある。これに対して，自動車の資産価値から保有を前提とした保護申請に対する却下処分を適法とした裁判例としては，大阪地判平成22年10月28日判自356号98頁がある。

原則として収入認定される。ただし，保護開始時に保有する金銭のうち，家計上の繰越金程度のものは容認される。また，保護費のやり繰りにより生じた預貯金は，その使用目的が保護の趣旨目的に反しない場合（大学等への進学等）には，保有が許容される。預貯金も，これまで裁判で問題となってきており，保有が認められる場合の判断に生活保護の目的（自立助長）が関係している[7]。

### （3）能力の活用

**稼働能力**の問題は，戦前の救護法の制限扶助主義，戦後の旧生活保護法の欠格条項にみられるように，公的扶助の重要問題であった。現行法では，補足性のうちの**能力の活用**の問題である。解釈・運用上，稼働能力については，

①　稼働能力を有するか否か

②　稼働能力を活用する意思があるか否か

③　実際に稼働能力を活用する就労の場を得ることができるか否か

の 3 要件により判断される。これは，これまでの裁判例と類似の判断枠組みである[8]。

なお，稼働能力の判断に当たっては，客観的・総合的な判断が求められるが，資産要件と異なり客観化・数値化が難しいことからも，稼働能力判定会議の活用など慎重な判断が必要であろう。

また，稼働能力との関係で，高校への就学が問題となるが，自立助長の観点から世帯内就学を認め，生業扶助（技能修得費の高等学校等就学費）が支給される。これに対して，自立助長に資する場合の大学等の就学は，世帯分離によって対応する扱いである。

### （4）扶養の優先

---

(7)　学資保険の返戻金を収入認定から除外することについて，最三小判平成 16 年 3 月 16 日民集 58 巻 3 号 647 頁は，保険加入が法の趣旨目的にかなったものであり，返戻金も法の趣旨目的に反する使われ方をしたなどの事情がうかがわれないことを理由としている。

(8)　名古屋地判平成 8 年 10 月 30 日判時 1605 号 34 頁及び名古屋高判平成 9 年 8 月 8 日訟月 44 巻 9 号 1516 頁で示された判断枠組みは，補足性の要件は，申請者が稼働能力を有し，その具体的な稼働を前提として，その能力を活用する意思があり，かつ実際にその稼働能力を活用する就労の場を得ることができるか否かにより判断されるというものである。

　**扶養の優先**とは，民法上の扶養義務の履行が期待できる場合は，扶養義務者による扶養を優先するという原則である。従って，扶養義務の履行は，保護の要件ではなく優先の原則に止まる[9]。つまり，扶養義務の履行が期待可能性に止まる場合には，それが資産となり得るものとは言えないし，法文上も扶養義務者の扶養は，「保護に優先して行われるものとする」と規定されている（4 条 1 項）。ただし，扶養義務者が扶養の能力及び意思を有していることが客観的に明らかであるにも関わらず，要保護者が扶養を拒否するような場合には，扶養義務が優先されることになる[10]。なお，扶養義務が履行された場合には，当該扶養金は収入認定の対象となる。

　このように要件ではなく優先原則であることを前提として，生活保護法は，保護開始後に扶養義務を履行しない知れたる扶養義務者への通知（24 条 8 項），費用徴収等のため必要な場合の扶養義務者への報告徴収（28 条 2 項）を規定している。実務上，扶養義務者への扶養照会・調査は，民法の生活保持義務及び生活扶助義務等も踏まえて，限定的に行われる（図 5-2）。

　ここで問題となるのは，生活保護法（77 条）が，「できる」規定ではあるものの，扶養義務者からの保護費の全部又は一部の徴収及び当該費用額の家庭裁判所の審判等による決定を規定していることである。これは保護費用の事後的回収制度ともなり得る[11]。また解釈運用によっては，扶養義務の実質的要件化として扶養義務履行の強制にもつながる余地を残す。この場合，生活保護制度は扶養義務者に変わって臨時応急的に保護を行う制度と捉えることができる。しかし，費用徴収等はできる規定であることなど制度の趣旨や費用対効果を考えるなら，費用徴収は限定的に行うことを法は前提にしていると解する[12]。

---

(9)　扶養義務について，救護法（2 条）及び旧生活保護法（3 条）は，扶養義務者が扶養をできるときは保護を行わないと規定しており，扶養義務は消極的要件であった。

(10)　岡山地判平成 4 年 5 月 20 日判自 106 号 80 頁は，扶養義務者からの扶養の申出を拒否した申請者に対して，福祉事務所長が扶養を受けるための自己努力をしていないとの理由で行った申請却下処分等を適法としている。

(11)　フランスの社会扶助の中には，扶養義務者がいる場合には，扶養義務者から扶助費を回収する制度等が存在している（拙著『フランスに学ぶ社会保障改革』（中央法規，2000 年）267-305 頁）。

(12)　敷衍するなら，扶養義務者からの費用徴収の運用に当たって，①扶養義務を要件ではなく優先原則としたのは，扶養義務者からの費用徴収等が事後的に可能であるためであり，それだけに費用徴収等は厳格に行われるべきとの解釈，②保護の開始段階で扶養

図5-2　民法上の扶養義務者と生活保護の扶養義務の存否の確認の関係

| 民法上の扶養義務 | 扶養義務の程度 | 生活保護上の扱い* |
|---|---|---|
| ①絶対的扶養義務者<br>（877条1項）<br>：直系血族，兄弟姉妹 | ①生活保持義務<br>：夫婦，未成熟子 | ①扶養義務の存否の確認が必要な者<br>a. 絶対的扶養義務者<br>b. 相対的扶養義務者のうち，<br>・現に要保護者等を扶養している者<br>・過去に要保護者等から扶養を受ける等特別の事情があり，かつ，扶養能力が推測される者 |
| ②相対的扶養義務者<br>（877条2項）<br>：①以外の3親等内の親族 | ②生活扶助義務<br>：①以外の親族 | |
| | | ②それ以外 |

＊　扶養能力の調査の対象は，重点的扶養能力調査対象者である①生活保持義務関係にある者，②親子関係にあって扶養の期待可能性のある者，③その他特別の事情があり扶養能力が推測される者である。

（出典）筆者作成

## （5）他法他施策の活用

　生活保護は，最後のセーフティネットであることや補足性との関係で，社会保険給付等の**他法他施策**の活用が保護の前提となる。制度体系に即して言えば，①防貧としての年金，医療保険，雇用保険等の予防施策がフォワードであるのに対して，②救貧としての生活保護等の公的扶助による事後救済がゴールキーパーの役割を担うことになるとともに，自立のためのトランポリンの役割も存在している（図5-3）。

　この生活保護と他法他施策との関係には，膨らみとへこみがあることに注意

---

　義務が要件ではなく優先原則に止まることから，事後的な費用徴収等を厳格に行うことになれば，優先原則とした趣旨に反することから，費用徴収等も緩やかに行うべきとの解釈の両方の可能性を生じさせる。費用徴収等ができる規定であることからすれば，後者の解釈により限定的に行うのが穏当であろう。実際，生活保護法（24条8項）も「あらかじめ通知することが適当でない場合」には，扶養義務者への通知は行わないと規定しており，通知は費用徴収の蓋然性が高い場合等に限定されている。従って，生活保護法も扶養義務者からの費用徴収を広く行うことは想定していないと推測される。そうでなければ，扶養義務者の知らないところで，保護が実施され，事後的に費用請求されることになり，扶養義務者の手続保障の面で問題が生じることにもなる。

図5-3 他法他施策との関係での生活保護の位置付け

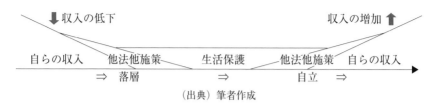

（出典）筆者作成

図5-4 他法他施策と生活保護との関係

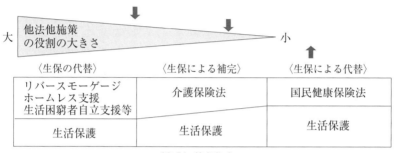

（出典）筆者作成

する必要がある（図5-4）。すなわち，リバースモーゲージ，ホームレス支援，生活困窮者自立支援等の他法他施策により生活保護（生保）の役割は小さくなるが，介護保険の場合には，生活保護が保険料等の負担により補完することになる。さらに，国民健康保険法等の場合には，生活保護がその機能を代替しており，他法他施策の活用は制度設計に依存することになる。

## 3 実 施 責 任 ● ● ●

　制度の実施責任は，市及び福祉事務所（第2章第3節2⑴）を設置する町村にあっては，その実施機関である市長及び町村長であるが，それ以外は都道府県知事となる（19条）。この場合，保護の実施機関は，福祉事務所長に事務を委任することができる。

　保護は居住地（居住地保護）又は現在地（現在地保護）で実施されることから，実施責任もそれぞれの実施機関にある。ただし，急迫保護の場合には，現在地が実施機関になるほか，施設入所保護等の場合には，入所前の居住地・現在地の実施機関が実施責任を負うことになる（19条，84-3条）。

## 第4節　生活保護の水準（水準論）

### 1　健康で文化的な最低限度の生活
#### （1）保　護　基　準

　厚生労働大臣告示により定められる**保護基準**（生活保護法による保護の基準）
は，最低生活費の計算の基礎となり，結果的に生活保護法が保障する生活水準
（保護受給権）の具体的内容を画する点で重要である。しかし，憲法の「健康で
文化的な最低限度の生活」は，抽象的・相対的な概念であり，社会経済状況の
変化等も勘案する必要があることから，そこには行政の裁量が存在する[13]。

　朝日訴訟の時代のような**マーケットバスケット方式**ではなく**水準均衡方式**に
より保護基準が一般国民の消費実態との均衡（相対性）が図られるように設定
される現在，保護基準の在り方においては，このような相対性の規範的検討が
より一層必要と言える[14]。例えば，最低限度の生活が相対的概念であること
に着目すると，次のような示唆が得られる。

　①　ミニマム（最低）としての水準には，絶対的貧困水準と相対的貧困水準が
　　　ある。生活水準が向上した現代社会においては，絶対的貧困水準を下回
　　　らないのは当然として，更に相対的貧困水準を考慮して水準を決定する

---

（13）　裁量の存在については，朝日訴訟最高裁判決（最大判昭42年5月24日民集21巻
　　　5号1043頁）も「健康で文化的な最低限度の生活なるものは，抽象的な相対的概念で
　　　あり，その具体的内容は，文化の発達，国民経済の進展に伴って向上するのはもとより，
　　　多数の不確定要素を綜合考量してはじめて決定できるものである。したがって，何が健
　　　康で文化的な最低限度の生活であるかの認定判断は，いちおう，厚生大臣の合目的的な
　　　裁量に委されており，その判断は，当不当の問題として政府の政治責任が問われること
　　　はあっても，直ちに違法の問題を生ずることはない」と判示し認めている。
（14）　保護基準は，戦後のマーケットバスケット方式，エンゲル方式，格差縮小方式を経
　　　て，1984年から水準均衡方式により設定されている。この変遷は，財政当局との関係で
　　　保護基準を引き上げるための理論的裏付けにもなってきた。さもなければ，保護基準の
　　　引上げは，物価スライド程度に止まった可能性がある。現在の水準均衡方式は，生活扶
　　　助基準が一般国民の消費実態との均衡上ほぼ妥当であるとの評価を踏まえ，当該年度に
　　　想定される一般国民の消費動向を踏まえると同時に，前年度までの一般国民の消費実態
　　　との調整を図るという方式である。この間の貧困問題の中で，絶対的な貧困概念よりも
　　　相対的な貧困概念（相対的剥奪，相対的貧困率等）が注目されるようになっており，こ
　　　の法学的検討が必要となる。

　　必要がある。それは，憲法25条1項の「健康で文化的」の概念及び同条
　　2項の増進義務とも整合的である。

②　実際，老齢加算廃止東京訴訟の東京地判平成20年6月26日判決（判時
　　2014号48頁）が「人間性の発露として，親族・友人との交際や地域社会
　　への参加」等の社会的活動，「趣味その他の形態での種々の精神的・肉体
　　的・文化的活動」も最低限度の生活の構成要素と述べている。この判決
　　に従えば，水準論の考慮要素として，現代社会の生活に相応しい要素を
　　含めて考えることも解釈上あり得ることになる。

③　このことは，水準決定に当たっては，生活保護受給者以外の生活や暮ら
　　しぶりをより厳格に検討する必要を示唆する。また，社会の生活水準の
　　向上により，ミニマム（最低）がオプティマム（最適）に近付くことにも
　　なる。つまり，一見対立的な両概念ではあるが，最低生活の相対性から
　　すれば，ミニマムであると同時にオプティマムであることが可能性とし
　　てはあることになる（第9章第3節1(3)も参照）。


**（2）最低生活費及び加算・特別基準・控除等**

　実際に支給される保護費（扶助）は，**最低生活費**と保護世帯の収入（収入充
当額）との差額である。そして，この最低生活費は，生活扶助等の各扶助ごと
に保護基準によってその算定方法及び基準が規定される。この結果として，保
護基準に基づき扶助毎に計算された費用の積み上げが最低生活費ということに
なる。

　大臣告示による保護基準には，定型的・画一的な面がある。このため，加算
及び特別基準により個々の実態に即して弾力的な運用がなされている。

　このことは，最低生活費と収入の差額を支給するという原則に対して，加
算・特別基準又は控除により，実際に支給される保護費の額が実質的に増減す
ることを意味する（図5-5）。例えば，稼働に伴う生活需要の増大部分は，自
立助長の観点も加味する形で収入から**勤労控除**分を控除することにより，必要
経費に相当する実費控除と異なり，勤労控除の一定部分が手元に残ることにな
る。この他にも，自立助長等の観点から各種控除があるが，そもそも一定の収
入を収入認定しない制度として，収入認定除外がある。この収入認定除外は，
自立助長又は社会通念上の観点から収入認定が適当でない場合に行われるが，
その際には金銭の性格・支給方法・使われ方等を総合的に判断して決定される

図5-5　保護基準と加算・特別基準・控除等の関係

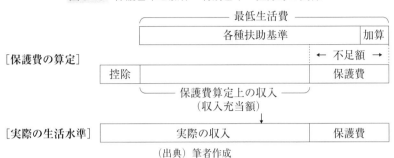

（出典）筆者作成

ことになる。これらの場合も，結果的に手元の収入が増えることになる。

　これに対して，**加算**は，基準生活費に含まれない個別的特殊需要に対応するための仕組みであり，加算分だけ基準生活費が上積みされることになる。また，**特別基準**の方は，地域の事情等に応じて類型的に適用される場合のほか，受給者の個別事情に着目して適用される場合がある。いずれにせよ，特別基準により，扶助基準自体が上がることになる。

　この他にも，やりくりによって賄うことが難しい場合の臨時特別の需要に対しては，**一時扶助**が適用されることになる。これは，上記の経常的な最低生活費とは別の臨時的最低生活費と言える。

　要するに，保護費と世帯の収入によって構成される実際の生活水準は，扶助基準に作用する加算及び特別基準等と収入充当額に作用する控除・収入認定除外によって，伸縮することになるわけである。


## 2　定期的検証　●　●　●

　保護基準は，最低限度の生活の内容であると同時に，給付費の算定基準である。その限りでは，保護基準は，医療保険，介護保険等の報酬の点数表に類似する。実際，医療扶助については，医療保険の点数表が基本となる。しかしながら，社会保険等の報酬の場合にも，それがサービス内容を画する点で規範性が存在するものの，保護基準のように生存権保障との関係が問題になることは比較的少ない。これには，生活保護法（8条）の基準及び程度の原則に保護基準が依拠するのみならず，保護基準自体が生存権保障としての最低限度の生活水準の実定法上の反映であることが関係している(15)。

　かかる強い規範性から，保護基準はその水準の妥当性，ひいては憲法適合性

の確保を求められることになる。しかも，国民の生活水準が変化し，生活保護
が保障すべき水準が一般世帯との均衡も勘案した相対的なものである以上，定
期的な検証が求められる。社会保障審議会福祉部会専門委員会の報告書（2004
年 12 月）において，「全国消費実態調査等を基に 5 年に一度の頻度で検証を行
う必要がある」との指摘にも，この考え方がみられる。つまり，年金のスライ
ド（**総論・保険法第 9 章第 1 節 4 参照**）ではないが，PDCA サイクルによる生存
権保障の実効性の担保である。

## 3　保護基準の変更　● ● ●

保護基準の定期的検証は，基準の引上げのみならず逆方向の引下げに作用す
る場合が起きる。生活保護の受給権は，拠出制の既裁定年金のような財産権の
問題とは異なるにしても，生活保護法（56 条）上も**不利益変更禁止**が規定され
ており，保護基準の変更が当該規定の射程内にあるとすれば，保護基準の見直
しは，当該規定との間で抵触を引き起こす可能性がある。その場合であっても，
「正当な理由」があれば，不利益変更も可能である。

要するに，保護基準の見直しには，基準自体の妥当性とともに不利益変更と
いう過程の妥当性の問題が潜んでいることになる。この問題は，老齢加算等の
2004 年度以降の段階的減額・廃止をめぐる訴訟により顕在化した。最高裁判
所は，不利益変更の禁止が保護基準に関する規定ではなく被保護者の権利及び
義務（10 章）に位置付けられていることを理由に，一旦決定された保護の変更
に関する手続きを正規に踏むことなく不利益に変更する場合を意味すると解し
ており，保護基準の変更は不利益変更禁止規定の射程外ということになる[16]。

---

(15)　朝日訴訟最高裁判決（最大判昭和 42 年 5 月 24 日民集 21 巻 5 号 1043 頁）は「厚生
大臣の定める保護基準は，法 8 条 2 項所定の事項を遵守したものであることを要し，結
局には憲法の定める健康で文化的な最低限度の生活を維持するにたりるものでなければ
ならない」と判示している。

(16)　最二小判平成 24 年 4 月 2 日民集 66 巻 6 号 2367 頁は，「生活保護法 56 条は，保護
の実施機関が被保護者に対する保護を一旦決定した場合には，当該被保護者について，
同法の定める変更の事由が生じ，保護の実施機関が同法の定める変更の手続を正規に執
るまでは，その決定された内容の保護の実施を受ける法的地位を保障する趣旨の規定で
あると解される。また，同条の規定は，同法において，既に保護の決定を受けた個々の
被保護者の権利及び義務について定める第 8 章の中に置かれている。上記のような同条
の規定の趣旨や同法の構成上の位置付けに照らすと，同条にいう正当な理由がある場合

　そうなると，保護基準の変更に当たっては法が規定する最低生活保障の原理
（3条）及び基準及び程度の原則（8条）との関係で適法性が求められることに
なる。この点，最高裁判所は，最低限度の生活は抽象的かつ相対的な概念で
あって，その時々における経済的・社会的条件，一般的な国民生活の状況等と
の相関関係において判断決定されるべきものであるという考え方にたつ。その
ため，最低限度の生活を保護基準において具体化するに当たっては，国の財政
事情を含めた多方面にわたる複雑多様な，しかも高度の専門技術的な考察とそ
れに基づいた政策的判断を必要とするという堀木訴訟判決（最大判昭和57年7
月7日民集36巻7号1235頁）の枠組みを踏襲している[17]。この結果，保護基
準の設定については厚生労働大臣の専門技術的かつ政策的な見地からの裁量権
が認められ，現実の生活条件を無視した著しく低い基準を設定するような場合
以外は違法性が認められないことになる。

## 4　他制度との関係 ● ● ●

　保護基準は地方税の課税最低限，国民健康保険の保険料減免等など他制度の
ベンチマークとなることがあるが，これは論理必然的というよりは最低限度の
生活の基準として保護基準が最も客観的であることが大きい[18]。例えば最低
賃金との関係では，最低賃金法（9条2項）が「生活保護に係る施策との整合
性に配慮する」ことを求めている。これに対して，フランスの最低所得保障制
度（RSA）のように最低賃金（SMIC）との関係で支給対象者の範囲が設定され
る場合もある[19]。つまり，労働者の生計費を考慮することで設定される最低
賃金水準を基準に保護基準を設定することも理論的にはあり得ることになる。
　このほか，基礎年金と生活扶助基準額が比較されることがある。そもそも論
としては，拠出制年金が貢献による連帯であるのに対して，生活保護は帰属に
よる連帯であり，連帯原理を異にすることから同じレベルで論じることはでき

---

とは，既に決定された保護の内容に係る不利益な変更が，同法及びこれに基づく保護基
準が定めている変更，停止又は廃止の要件に適合する場合を指すものと解するのが相当
である」と判示している。最三小判平成24年2月28日民集66巻3号1240頁も同旨で
ある。

(17)　最三小判平成24年2月28日民集66巻3号1240頁及び最二小判平成24年4月2
　　　日民集66巻6号2367頁

(18)　拙著『社会保障法における連帯概念』（信山社，2015年）139-143頁

(19)　E. Aubin, *Droit de l'aide et de l'action sociale*, Gualino, 2014, pp. 406-407

ない。また，水準論で言えば，基礎年金は老後生活の基礎的部分を賄うことを想定することから，生活保護とは役割が異なる。

# ● ● ● 第5節 生活保護の給付（給付論） ● ● ●

## 1 給付の概観 ● ● ●

給付は，その内容と提供される場に分けて考えることができる。

### （1）金銭給付及び現物給付

生活保護法が規定する給付としての扶助は，生活扶助（日常生活の需要を満たすための衣食等の費用，移送），教育扶助（義務教育に必要な学用品費等），住宅扶助（家賃等の住居費等），医療扶助（診察等の医療費），介護扶助（居住・施設介護等の介護費），出産扶助（分べん等の出産費），生業扶助（生業に必要な技能修得等の費用），葬祭扶助（葬祭等の費用）である（11条）。

これらの扶助は，給付方法から，①金銭の給与・貸与による**金銭給付**と②物品の給与・貸与，医療給付，役務提供等の**現物給付**に分かれる。いかなる方法が採られるかは，扶助の特性や被保護者の状況により決まってくる（図5-6）。この結果，医療扶助及び介護扶助を除き，金銭給付が原則となっている。また，金銭給付を原則としている場合であっても，住宅扶助費及び共益費，介護保険料等のように代理納付を認めている扶助がある（37-2条）。

現物給付の場合には，サービス内容をいかに画するかの問題が生じる。医療扶助については，国民健康保険の診療方針・診療報酬の例によることになっている（生保法52条）が，現在，国民健康保険独自の制度はなく，健康保険法の保険医療機関等（**総論・保険法第8章第2節3⑴参照**）の例によることになっている（国保法40条，45条等）。ただし，被保護者の中には，健康保険等の職域保険（**総論・保険法第2章第2節3⑵参照**。任意継続を含む）の被保険者又は被扶養者である場合がある。その場合には，職域保険から給付が行われ，一部負担のみが医療扶助の対象となる[20]。これに対して，国民健康保険の場合には，被保護者は適用除外である（国保法6条）ことから，医療扶助が適用される[21]。

---

(20) 保険料は，収入認定の際の必要経費となる。

図5-6 扶助別の給付方法

| | 生活 | 教育 | 住宅 | 医療 | 介護 | 出産 | 生業 | 葬祭 |
|---|---|---|---|---|---|---|---|---|
| 金銭給付 | ○ | ○ | ○ | △ | △ | ○ | ○ | ○ |
| 代理納付 | ○ | — | ○ | — | — | — | — | — |
| 現物給付 | △ | △ | △ | ○ | ○ | △ | △ | △ |

(注) 金銭給付と現物給付については，○が原則，△が例外。代理納付については，
　　○が政令に基づき実施可能，—が政令非該当。
(出典) 筆者作成

　この場合には，理論上医療保険のような混合診療の禁止（**総論・保険法第8章
第2節2(5)参照**）は及ばず，保険外併用療養費等の制度も存在しないことになるはずである。仮に保険外併用療養等に相当する医療が必要となる場合には，厚労大臣の定めるところによることになると解する（生保法52条2項）[22]。

**（2）居宅保護及び入所保護**

　次の給付提供の場は，扶助の特性や被保護者の状況等によって決まってくる。例えば，生活扶助の場合には，被保護者の居宅で行われる**居宅保護**が基本だが，保護施設等への施設入所による**入所保護**もある。また，現物給付である医療扶助の場合には，提供の場は医療機関等となるが，現物給付である介護扶助の場合には，介護機関等によるほか居宅介護が存在する。

　居宅保護か入所保護かの選択には，行政裁量がある。例えば生活扶助では居宅保護によることができないとき，保護の目的を達しがたいとき，又は被保護者が希望したときに入所保護が可能であるが，被保護者の希望のほかにも，法の趣旨目的，被保護者の状況，支援体制等を総合的に考慮する必要がある[23]。

---

(21)　収入によっては，保護の実施機関による行政処分としての決定により一部負担が発生する可能性があるが，一部負担は指定医療機関と被保護者との私法上の債権債務関係である（岡山地判昭和45年3月18日判時613号42頁）。

(22)　現在，「生活保護法第52条第2項の規定による診療方針及び診療報酬」により，長期入院選定療養を除き，保険外併用療養は指定医療機関等には適用されないことになっている。このため，高度先進医療や治験費用は，原則として医療扶助の対象外である（『生活保護手帳別冊問答集2019』（中央法規，2019年）502頁の問32）。ただし，「原則として」であることから，解釈の余地はあると考える。

(23)　大阪地判昭和63年2月25日行集39巻1・2号132頁は，入所保護の要件である

つまり，ケースワーク的な視点も含めた判断が求められることになる。ただし裁量権は無制限でないことから，その逸脱又は濫用があれば違法となる[24]。

## 2 自立助長 ● ● ○

**自立助長**自体は給付ではないが，最低生活保障と並ぶ制度の目的である。貧困には原因や背景があるはずであり，貧困層は貧困であるのみならず，より多くの生活問題を抱えている可能性がある。生活保護においてケースワークが存在する所以は，ケースワークを通じた問題解決が自立にとって不可欠といった認識があってのことと考える。

ただし，自立の意味は，諸外国のワークフェア（workfare），アクティヴェーション（activation）等の議論にみられるように，就労のみならず社会的排除（ソーシャル・エクスクルージョン）等も含めて考える必要がある。我が国においては，社会保障審議会福祉部会の専門委員会報告書（2004 年）が制度・運用の在り方と自立支援の見直しを提言し，翌 2005 年から自立支援プログラムが導入されている。その中では，経済的自立のみならず，日常生活自立及び社会生活自立が柱となっている。

確かに自立の概念の捉え方は一様ではないが，重要な点は経済的自立による保護の脱却だけが自立ではないことである。この捉え方は，社会経済状況を反映して受給者の構成が変化することにより，高齢者等の就労による自立が妥当しない層の存在にも整合的である。また，障害，家庭内暴力，虐待等のように専門性の高い支援が必要な受給者の存在に鑑みるならば，自立概念は，「自律的な生活を助長する」ことも含めた「より広い概念と捉えるのが相当であると解される」[25]。

---

「保護の目的を達しがたいとき」の判断について，「行政庁の裁量に委ねられており，被保護者の健康状況，生活歴，家族の状況，自立への指導援助の体制等の諸般の事情を総合的に考慮して行うべきものであるから，当該行政庁の決定が裁量権の範囲を超え，又はその濫用があつたものと認められる場合に限り違法となるというべきである」と判示している。

(24) 大阪地判平成 14 年 3 月 22 日裁判所ウェブサイトは，保護の実施機関に一定の裁量権を認めたが，住居を有しないことの一事をもって居宅保護を認めなかったことが，必要な裁量判断の懈怠及び誤った法解釈に当たるとして，収容保護決定を違法と認定した。

(25) 金沢地判平成 11 年 6 月 11 日（高訴訟第一審判決）賃社 1256 号 38 頁，判タ 1059 号 68 頁

このような多様な自立への対応の観点からも，ケースワークの重要性は高い。

### 3　就労自立給付金及び被保護者就労支援事業　

2014年改正法により，就労による自立を促進するためのインセンティブ，支援等が生活保護法上の給付及び事業に位置付けられることになった。

第1は，**就労自立給付金**及び進学準備給付金である。前者の給付金は，保護受給中の就労収入のうち勤労控除の対象とならない収入認定された金額の範囲内で一定額が仮想的に積み立てられたものとし，安定就労の機会を得たことにより保護廃止となった場合に支給される。後者の給付金は，生活保護世帯の子どもが大学等に進学した場合に支給される。

第2は，**被保護者就労支援事業**である。これは，生活困窮者自立支援法（本章第8節1）の生活困窮者自立相談支援事業に対応する生活保護法上の事業であり，就労支援に関する被保護者からの相談に応じ，必要な情報提供及び助言を行うことを内容とする。

## ● ● 第6節　生活保護の過程（過程論）● ●

### 1　手続的権利の重要性　●

生活保護は，インテーク（受理段階の面接）から廃止までの一連の過程として捉えることができる（図5-7）。そして，保護の過程は生存権実現のプロセスであり，ソーシャルワークの開始から終結までの過程にも対応する。

保護の実施は，保護基準に基づき算定された最低生活費や保護の補足性の要件等に照らした場合に，保護の要件を充足するか否かの判定，月々の保護の程度に関する決定により具体化される。その点で，保護基準は，保護の要否及び保護の程度の両方に関わる基準ということになる。

また，権利の実現には一連の手続きが伴うことから，手続的権利といった形で申請者・被保護者の権利保障が重要となる。この一連の過程を行政処分の観点から見ると，そこには保護の却下，開始，変更，停止及び廃止の処分が介在することになる。

図5-7 生活保護の過程の概観

【法律の目的(1条)】
①最低生活保障
②自立助長

憲法25条：生存権の保障
　　26条：教育の権利
　　27条：勤労の権利・義務

【保護の補足性(4条)】
・利用し得る資産，能力その他あらゆるものを活用することが保護の要件

保護の開始

【申請による保護の開始・変更(24条)】
・申請書の提出

【職権による保護の開始(25条)】
・急迫時

【相談及び助言(27-2条)】＜自治事務＞
・要保護者の求めに応じ，その自立のための相談
・助言が可能

【報告，調査及び検診(28条)】
・保護の決定・実施に必要な調査の実施，検診命令
・扶養義務者等からの報告の徴求
・義務違反に対する保護の停廃止等

【資料の提供等(29条)】
・資料の提供等による関係先調査

保護の実施

【保護の停止・廃止(26条)】
・保護の必要が消滅した場合の停廃止

【生活上の義務(60条)】
・能力に応じた勤労，支出の節約，その他生活の維持・向上の義務

(実効性の担保手段)

【指導及び指示(27条)】
・生活の維持・向上その他保護の目的達成に必要な指導・指示が可能

(違反に対する制裁)

【指示等に従う義務(62条)】
・指導・指示に違反した場合に保護の変更・停止・廃止が可能

(出典) 筆者作成

## 2 申請保護

　生活保護は，国民の権利実現の観点から，**申請主義**を原則としている（7条）。その場合の申請は，要保護者本人以外に扶養義務者又はその他の同居の

親族からもできることが規定されている。また，申請前の面談は，手続き上の要件ではないことから，申請の意思が表明されたにも拘わらず，申請を認めないことは，申請権の侵害となる。

　ところで，申請行為は，保護の要否の判断に必要な調査（29条）の前提となり，その申請内容を明確化する必要があることから，現在，その具体的手続が法定化されている（24条）。法令で手続規定が設けられる例は多いが，その多くは非要式行為であって口頭による申請も可能であるのと同様に，生活保護の規定も要式行為を意味するわけではないと解される。

　また，保護申請に対する事務処理期間は，原則14日（特別な理由があれば30日）とされており，30日以内に実施機関からの通知がない場合は却下と見なされ得ることになっている（24条5・7項）。

## 3　急迫保護 ● ◦

　生活保護法は保護の補足性に関連して**急迫保護**を規定しており（4条3項），急迫状況にあっては，申請保護ではなく職権保護ができることになっている（7条）。このことは，「社会通念上放置しがたいと認められる程度に情況が切迫している場合」等[26]にあっては，補足性や申請保護の原則にかかわらず，職権を行使してでも保護すべきことを実施機関に課していると解される。急迫性が認められる場合としては，病気等でホームレスの人が医療機関に緊急搬送されるケースが一例である[27]。

　いかなる場合が急迫状況かは，個別状況に依存する。つまり不確定概念であるが，資力があるにもかかわらず急迫の場合等に保護した場合には，事後的な費用返還義務が発生する（63条）ことから，まずは生命等の優越的利益を優先して考慮すべきといえよう。

　交通事故の被害者の治療に関して急迫保護が問題となった事例において，最

---

(26)　小山進次郎『改訂増補生活保護法の解釈と運用（復刻版）』（全国社会福祉協議会，2008年）123頁

(27)　「ホームレスに対する生活保護の適用について」（平成14年8月7日社援保発第0807001号厚生労働省社会・援護局保護課長通知）が急迫保護について，病気等の急迫状態にある者については，申請がなくとも保護すべきものであり，要保護者が医療機関に緊急搬送された場合には，医療機関との連携を図り，早急に実態を把握した上で，急迫保護の適用の要否を確認することを規定している。

高裁は，被害者が加害者に損害賠償請求権を有するために本来的な受給資格を有しないとしても，「加害者との間において損害賠償の責任や範囲等について争いがあり，賠償を直ちに受けることができない場合には」，急迫保護に該当し，「のちに損害賠償の責任範囲等について争いがやみ賠償を受けることができるに至つたときは，その資力を現実に活用することができる状態になつたのであるから，同法63条により費用返還義務が課せられるべきものと解するを相当とする」と判示している(28)。

## 4　制度の運用　● ● ●

### （1）運用基準

　生活保護は，法定受託事務であることから，所管大臣は，必要最小限の処理基準を定めることができ（自治法245-9条1・5項），法令違反及び公益侵害が明白な著しい不適正事例は法的義務である是正指示の対象となり（同法245-7条），最終的には代執行で担保される(29)。その点では，法的には，自治事務より強い関与が国には許容されている。実務的には，生活保護の運用は法令のほか，実施要領としての次官通知，局長通知及び課長通知，問答集等が拠り所となる。

　しかしながら，このことは実態的にも統制が強いことを意味しない。自治事務（例えば国民健康保険）であっても，補助金等の財政面も含め法令上給付が細部にわたり規定される場合には，地方公共団体の自由度は法定受託事務より低くなり得る。これに対して，生活保護の場合には，受給者の個別性が強く，現場のケースワーカーの判断が占める比重が高くなる。

### （2）ケースワーク

　生活保護法が法目的に自立助長を掲げることの背景には，制度が生活不能給付の法であると同時に，受給者の生活不能には原因があることから，そこに着目して自立助長を目指す点で生活障害の法であることがある(30)。つまり，生

(28)　最三小判昭和46年6月29日民集25巻4号650頁
(29)　是正の指示の状況は，総務省「地方自治月報」に掲載される。生活保護については，現業員の定数が標準として社会福祉法に規定されており（16条），その不足が是正指示の対象となったことがある。
(30)　生活不能給付及び生活障害の法については，荒木誠之『社会保障法読本［新版増

活保護法は，社会福祉法の中の孤島ではなく，他の社会福祉制度と密接な関連性を持つ。このことは，生活障害とされる老齢，障害，傷病等が貧困の原因であることからも理解できる。

　この自立に重要な役割を果たすのが**ケースワーク**である。ケースワークは，ケースワーカーによる相談援助技術に裏打ちされたクライアントへの働きかけである。生活保護における自立助長もまたケースの「内容的可能性を発見し，これを助長育成し」ていくことであるから，ケースワーカーの役割は大きい[31]。

### （3）指導・指示及び相談・助言

　ケースワークが非権力的なクライアントへの働きかけだとすれば，生活保護のケースワーカーは，ソーシャルワーカーの倫理上も困難な状況に直面する。

　それは，生活保護法が規定する①**指導・指示**（27条）と②**相談・助言**（27-2条）の規定の存在である。このうち，①が被保護者を対象とした法定受託事務であり，違反に対して最終的に保護の変更・停止・廃止の可能性を有する処分であり，権力的色彩が強い。これに対して，②はより広く保護を必要とする状態にある者である要保護者（6条）を対象とした自治事務であり，求めに応じて実施される相談・助言であることから，助言に従わない場合の不利益処分はない。従って，自立支援の観点から相談・助言が規定されていることは，生活保護のケースワークの可能性を広げている。ただし，その発動は，「要保護者からの求めがあったとき」（27-2条）に限定されている。

　この点，指導・指示の発動の方は，実施機関にイニシアティブがある。さらに，被保護者には受忍義務が課せられており（62条1項），指導・指示違反には保護の停廃止を伴う。ただし，保護の停廃止は「できる」規定である（62条3項）ことから，全ての指導・指示違反が自動的に保護の停廃止に結びつくわけでないと解される。なお，指導・指示は，被保護者に受忍義務を負わせるものであるが，それによって権利・義務等の法律上の利益に直接影響を及ぼさないことを理由に行政不服審査の対象外であるというのが行政解釈である[32]。

補』（有斐閣，1998年）254-258頁

（31）　小山・前掲注(26)92-93頁

（32）　『生活保護手帳別冊問答集2019』（中央法規，2019年）407-408頁の問11-20参照。
　　　これに対して，秋田地判平成5年4月23日（加藤訴訟）判時1459号48頁，判タ990
　　　号157頁は，「指導指示は原告の法律上の地位に直接影響を及ぼす行政処分ということ

不正受給の場合には，費用の返還義務（78条）が発生するが，悪質な場合には，罰則（3年以下の懲役又は100万円以下の罰金）が科せられる可能性がある（85条）。

## ● ● ● 第7節　生活保護の財政（財政論）● ● ●

### 1 費用負担 ● ● ●

**支弁者**は，原則として保護の実施機関である市，県，福祉事務所設置町村である（70・71条）。つまり，原則として，制度の実施責任者と費用の支弁責任者が一致するようになっている。ただし，施設への施設所在地以外の被保護者の入所等，居住地が明らかでない要保護者に対する現住地での保護，福祉事務所設置町村以外の町村による急迫保護の場合には，本来費用を負担すべき者に替わり一時的に費用を支弁する繰替支弁がある（72条）。この結果，繰替支弁の場合には，支弁者と本来の費用負担者がずれることになる。このほか，救護施設等への入所等に関して，施設の入所等の前の居住地・現在地の都道府県又は市町村が実施機関となる住所地特例が設けられている（19条3項，84-3条）。このことも，費用負担に関わってくる。

　また，費用の支弁は，その財政負担が全て支弁者に帰着することを意味しない。生活保護の場合には，生存権保障における国の責任から高率の国庫負担が設けられており，国が4分の3，地方公共団体が4分の1を負担することになっている。

### 2 費用徴収等 ● ● ●

　生活保護法は，その補足性から扶養義務者からの**費用徴収**に関する規定（できる規定）を設けている（77条）ほか，不実の申請等の不正の場合の費用徴収規定があり，その場合には徴収金額の4割までのペナルティを上乗せすることができる（78条）。これに対して，資力がある場合の急迫保護等の場合にも，**費用返還**義務が発生する（63条。本章第6節3参照）。これに該当する事案の中には，不正受給が疑われるとしても，その立証が困難であるために，一般的な費用返還になる場合もあり得る。その点では，概念上はともかくとして，実務

ができる」と判示している。

上，費用徴収と費用返還の境界は微妙と言えよう。

　また，葬祭扶助に関しては，遺留金品を処分することで保護費に充てることができる（76条）。

　このほか，交通事故等の場合の医療扶助及び介護扶助に関しては，**第三者行為求償**ができることになっている（76-2条）。なお，保護の停廃止に関連して，既に前渡された保護金品の中には費消されているものがあり得ることから，やむを得ない事由があると認められるときには，返還を免除することができることになっている（80条）。

## 第8節　その他の関連制度

### 1　生活困窮者自立支援法

#### （1）概　観

　**生活困窮者自立支援法**は，**求職者支援法**（職業訓練の実施等による特定求職者の就職の支援に関する法律）と並ぶ**第二のセーフティネット**である。求職者支援制度が職業訓練の実施，その促進のための給付金の支給等の支援措置という労働政策からのアプローチであるのに対して，生活困窮者支援制度は，社会福祉政策として生活困窮状態からの脱却を目指す制度である。いってみれば，生活保護に至る前段階で総合的・重層的な支援により生活困窮者の自立を促進する（1条）とともに相互に支え合う地域づくりを目指すものである。このための基本理念として法は，①生活困窮者の尊厳の保持，②生活困窮者の状況に応じた包括的・早期的な支援，③地域における関係機関，民間団体との緊密な連携等の支援体制の整備を宣明している。

　具体的な事業として，法は自立相談支援事業，住居確保給付金，就労準備支援事業及び家計改善支援事業，一時生活支援事業，子どもに対し学習の援助を行う事業等，都道府県知事等の認定による就労訓練事業を規定している。

#### （2）対　象　者

　制度の対象である生活困窮者は「就労の状況，心身の状況，地域社会との関係性その他の事情により，現に経済的に困窮し，最低限度の生活を維持することができなくなるおそれのある者」（3条）と定義されている。その点では生

活保護の要保護者以外の生活困窮者が射程に置かれた制度である。ただし，定義上は所得要件等は規定されていないことから，実際の対象者の範囲は事業ごとの規定により決まることになる。比喩的に言えば，複合的な困難をかかえる生活困窮者へのテーラーメイド的な支援の視点で対象を考えるべきことになる。

### （3）対象事業

　生活困窮者支援を進める上では，生活保護に至る前の段階における漏れや切れ目のないシームレスな支援が必要であり，アウトリーチ（支援を必要とする者への積極的働きかけ）も含めた取組が重要となる。生活困窮者自立支援法は，次のような事業を位置付けている。このうち①と②は法的義務，③のうち就労準備支援事業と家計改善支援事業が努力義務となっている。これ以外の③の事業はできる規定である。

① 生活困窮者に係る相談・情報提供・助言等を行う**生活困窮者自立相談支援事業**（5条）
② 離職者による住居喪失者等に係る**生活困窮者住居確保給付金**の支給（6条）
③ **生活困窮者就労準備支援事業**等（7条）
　・一般就労のための準備段階の訓練等を行う生活困窮者就労準備支援事業
　・家計の状況の把握，家計の改善意欲の向上支援及び資金貸付のあっせんを行う生活困窮者家計改善支援事業
　・住居のない生活困窮者に対する宿泊場所・衣食の供与等を行う生活困窮者一時生活支援事業
　・生活困窮者である子どもに対して学習の援助を行う事業
　・その他生活困窮者の自立の促進を図るための事業

　このほか，**生活困窮者就労訓練事業**が生活困窮者の就労に必要な知識及び能力の向上のための基準に適合しているかを都道府県知事等が認定する制度が規定されている（16条）。

### （4）財　政

　各種事業に要する費用には，国庫負担・補助（第4章第3節3・5）がつくことになっている。例えば，自立相談支援事業及び住居確保給付金は4分の3が国庫負担である。これに対して，就労準備支援事業及び一時生活支援事業は国庫補助が3分の2，家計改善支援事業，学習支援事業及びその他生活困窮者の

自立促進を図るための事業は国庫補助が2分の1となっている。ただし，就労準備支援事業と家計改善支援事業を効果的・効率的に実施した場合には，家計改善支援事業の補助率が3分の2に引き上げられることになっている。

## 2　ホームレスの自立の支援等に関する特別措置法　● ● ●

### （1）概　観

**ホームレス**の自立の支援等に関する特別措置法（以下「ホームレス特措法」という）は，ホームレス問題の解決のため議員立法により 2002 年に制定された限時法である。同法は，ホームレスの自立の支援等に関する施策の目標を明示するとともに，国及び地方公共団体の責務として，当該目標に関する総合的又は地方の実情に応じた施策の策定及び実施を規定している。

### （2）具体的内容

ホームレス特措法が定義するホームレスとは，「都市公園，河川，道路，駅舎その他の施設を故なく起居の場所とし，日常生活を営んでいる者」である（2条）。この定義によりホームレスの概念が明確化され，国においてホームレスの実態に関する調査が定期的に行われている（14条）。

さらに，調査を踏まえ，ホームレスの自立支援等に関する基本方針が国で策定され（8条），地方でも都道府県及び対策が必要な市町村が基本方針に即した実施計画を策定することになっている（9条）。

このようにホームレス特措法自体は具体的事業を規定するものではないが，ホームレスは要保護者・生活困窮者として生活保護法及び生活困窮者自立支援法の対象となることから，社会福祉の視点からも重要性を有している。

# 第6章

## 高齢者福祉法

# ● 第1節 基本構造 ●

## 1 高齢者概念 ● ● ●

高齢者福祉法の射程を画する「**高齢者**」は，子ども福祉における児童，子ど
も等の概念とともに年齢によって画される点に特徴がある[1]。このことは，
一方で高齢者の年齢差別の問題や障害高齢者のサービス体系上の位置付けの問
題を惹起することに留意する必要があるが，社会保障が暗黙の前提とするライ
フサイクルの観点からは，現在でも社会福祉の中で独自の法分野を設けること
には現実的な妥当性があると考える[2]。

この結果，高齢者福祉法においては，老人又は高齢者の年齢概念が重要とな
る。現在，老人福祉法，介護保険法，高齢者の医療の確保に関する法律（以下
「高齢者医療確保法」という）等が65歳を基準とする[3]。これに対して，高齢者
医療制度導入前の老人保健法による老人医療は，70歳を原則としていた。

重要な点は，介護保険法が40歳以上の医療保険加入者を第2号被保険者と
したり，高齢者医療確保法が40歳以上の医療保険加入者を特定健診・特定保

---

(1) 「高齢者」の呼称については，このほかに老人福祉法の「老人」（定義はないが，措
　　置の対象は65歳以上），高年齢者雇用安定法の「高年齢者」（55歳以上）等が存在する。
(2) 年齢差別については，柳澤武『雇用における年齢差別の法理』（成文堂，2006年）が
　　嚆矢である。また，関ふ佐子「介護保険制度の被保険者・受給者範囲」日本社会保障法
　　学会編『新・講座社会保障法2 地域社会を支える社会福祉』（法律文化社，2012年）
　　265頁は，「『高齢』を理由とした保障は，差別禁止を追求するエイジフリーの概念と抵
　　触するものではない」と述べている。
(3) 高齢者医療確保法は，前期高齢者（65〜74歳）と後期高齢者（75歳〜）に分ける。

健指導の対象としているように，高齢者より前の年齢層を施策の射程内に取り込んでいることである。つまり，加齢に伴う老化という不可逆的な現象を対象とする高齢者福祉にあっては，年齢による線引きには，社会的又は規範的な割切りがあるものの，施策としては，予防，健康づくり等の観点から，高齢期より前の年代を取り込んでいる。また，割切りという点では，高年齢者雇用安定法の定年の扱いに象徴されるように，高齢者の問題はそれぞれの時代の社会経済の実態を抜きに考えることができないことにもなる。

　実際，高齢社会対策基本法の中でも「高齢者」の定義は設けられていない。同法に基づく高齢社会対策大綱（平成30年2月16日閣議決定）が「エイジレス社会」を打ち出しているように，「人生65年時代」とは異なる状況にあることを踏まえる必要はあろう。

## 2　高齢者福祉法の概観　●　●

　介護保険の登場により，高齢者福祉における介護保険法の比重が高くなった。しかし，介護保険制度のみが高齢者福祉ではない。介護保険制度の中核は，介護サービスに係る給付法であり，それ以上でもそれ以下でもない。

　むしろ高齢者福祉に関しては，もともと老人福祉法が重要な役割を果たしてきた。高齢者福祉が社会福祉法の社会福祉事業に淵源を有し，その特別法としての老人福祉法は施設等のサービス体系の母法としての意義を有する。さらに，サービス利用に当たって措置（第3章第2節1(1)参照）を残しており，その点では介護保険と補完的である。また，介護は，福祉と医療の相互乗入分野であり，施設，計画等の関係で医療法との関係も重要である。このほか，介護保険は，一定の生活保護受給者も取り込んでいることから，生活保護法が関係してくる。さらに，加齢に伴う認知機能の低下や認知症との関係では成年後見制度が，また，家族や施設職員等による虐待との関係では高齢者虐待防止法が高齢者の権利擁護という点で重要である。

　高齢者福祉に関連する基本法としては，前述の高齢社会対策基本法が1995年に制定されている。同法は，高齢者の健康及び福祉に関して総合的施策の推進等を規定する（10条）が，その射程は社会保障以外の施策も含めた高齢「社会」全般に及んでいる。そして，このことは，法律の名称にも反映されている。高齢者福祉を考える場合，高齢者の住まい方，働き方といった関連分野の重要性に鑑みるなら，同法のアプローチは評価すべきであろう。

図6-1　高齢者福祉法の概観

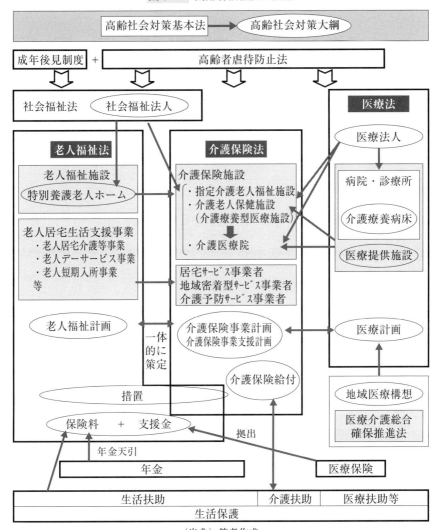

（出典）筆者作成

　ライフサイクル仮説（人々が生涯所得を念頭に現在の消費行動を決定するという理論。**総論・保険法第1章第1節4(1)参照**）に立つなら，現在の社会保障制度の基本構造は，現役時代の貯蓄の形成及び年金加入により得られる収入を生活費とともに高齢者福祉・医療に要する費用に充当することを想定したものになっ

ているといえる。その点では，現在の高齢者福祉は，保険料の年金天引に見られるように，年金制度の充実を前提とした制度である。このように，高齢者福祉は，様々な法律の相互連関による重層的な支え合いとなっている（図6-1）。

## ● ● 第2節　老人福祉法 ● ●

### 1 意 義 ● ●

　**老人福祉法**は，国民年金法（1959年）により国民皆年金が実現した1961年から2年後の1963年に成立している。いずれも，我が国の人口高齢化が予測されている中での立法化であった[4]。その際，生活保護法に規定されていた養老院を取り込み，養護老人ホーム，特別養護老人ホーム等に位置付けることから，老人福祉法は出発した。

　このことは，措置制度と相まって，老人福祉法が低所得者対策の色彩を残してきたこととも無縁ではない。例えば，養護老人ホームの入所要件である「居宅において養護を受けることができないこと」には，現在でも身体上・精神上又は環境上の理由に加え「経済的理由」が付加されている（11条1項）。

　とは言え，高齢者福祉の核となる法律ができたことにより，老人の「心身の健康の保持及び生活の安定のため」（1条）の施策は発展・促進されることになる。注目すべき点としては，1973年の老人医療費無料化が老人福祉法に規定されていたことであり，高齢者福祉と低所得者対策とのつながりが，ここでも感じられる。法政策的には，年金制度の充実により高齢者の老後所得保障が担保されれば，高齢者福祉にとっては，年金及び貯蓄等の収入によりサービスをいかに利用するかが重要となるはずである。しかし，そのような視点は，介護保険の登場を待たねばならなかった。

### 2 概 観 ●

　老人福祉法は，老人福祉の理念規定，老人福祉増進の責務等を規定した上で，

---

(4)　厚生省『厚生白書（昭和30年度版）』は，老人福祉法の背景として，「将来，老令人口は一層増大するものと予想されている（第10-3表）。老人問題が大きな問題となりつつあるゆえんである」と述べている（http://www.mhlw.go.jp/toukei_hakusho/hakusho/kousei/1963/dl/11.pdf）。

市町村を福祉の措置の実施者と位置付けている。この場合の老人福祉の措置としては，①支援体制の整備等（10-3 条），②居宅における介護等（10-4 条），③老人ホームへの入所等（11 条），④措置の介助等に係る説明等（12 条）及び行政手続法の適用除外（12-2 条），⑤生活支援等に関する情報の公表（12-3 条），⑥老人福祉の増進のための事業（13 条），⑦研究開発の推進（13-2 条）が規定されている。従って，「**措置**」といっても，施設への入所等のような処分性を有する施策のみではない。法的に重要なのは次の点である。

a. 居宅における介護等について，やむを得ない事由により介護保険法の介護サービスを受けることが著しく困難であると認めるときに，市町村が「必要に応じて」「措置を採ることができる」ことが規定されている。この場合，介護保険との関係で補完的かつ裁量的である[5]。

b. 老人ホームへの入所等について，やむを得ない事由により介護老人福祉施設等に入所させることが著しく困難であると認めるときは，市町村が「必要に応じて」「措置を採らなければならない」ことが規定されている。その限りでは，介護保険との関係で補完的であるが，居宅における介護等に比べると裁量性は低いと解される。さらに，介護保険法上の指定対象外である養護老人ホーム及び養護委託に関しては，措置制度が残っている。

　事業及び施設に関しては，**老人居宅生活支援事業**及び**老人福祉施設**が規定されている（14 条等）。このうちの老人居宅生活支援事業には，老人居宅介護等事業，老人デイサービス事業，老人短期入所事業，小規模多機能型居宅介護事業，認知症対応型老人共同生活援助事業，複合型サービス福祉事業が包含される。また，老人福祉施設としては，老人デーサービスセンター，老人短期入所施設，養護老人ホーム，特別養護老人ホーム，軽費老人ホーム，老人福祉センター，老人介護支援センターが規定されている。

---

(5) 介護保険導入前の事案であるが，ホームヘルプサービス事業運営要綱に基づくヘルパー派遣の処分決定取消請求に関連して，申請権の有無が問題となった（大阪地判平成10 年 9 月 29 日判タ 1021 号 150 頁）。裁判所は，「法は，市町村に対し，右各規定の内容に従った措置の総合的な実施に努めるべきことを定めてはいるが，個々人がホームヘルパー派遣の申請権を有すること，あるいは，これを前提とした申請の手続や派遣の措置が認められなかった場合の不服申立てに関する規定はなく，右の申請権があることを窺わせるような規定もない」こと等を理由に申請権を認めなかった。逆に言えば，生活保護法のように申請権を明記することもあるわけであり，立法政策上の問題ということにもなる（控訴審である大阪高判平成 12 年 6 月 21 日判自 228 号 72 頁）。

　これら事業の開始又は施設設置に当たっては，事業の開設者及び施設の設置者に対して，届出，認可等の手続きが義務付けられているほか，養護老人ホーム及び特別養護老人ホームに係る設備・運営基準の遵守義務，報告徴収，改善命令等の規定が存在するなど事業規制法としての性格を有している。

　このほか福祉計画に関して，老人福祉法は，市町村及び都道府県に対して**老人福祉計画**の策定を義務付けている（20-8条等）。その際，老人福祉計画は介護保険事業計画等（第4章図4-3）と一体のものとして策定される。

　高齢者福祉においては，認知症対策の重要性が増しており，市町村長による後見等の審判請求が規定されている（32条）。それと同時に，市民後見人の養成の必要性を背景として，後見等に係る体制整備が市町村の努力義務として規定され，都道府県も体制の整備等に関して助言等の援助を行うことになっている（32-1条）。なお，成年後見制度については，成年後見制度の利用の促進に関する法律に基づく政府の成年後見制度利用促進計画が2019年に閣議決定されている。市町村には，この基本計画を踏まえた計画の策定等が努力義務として課せられている（**第9章第3節4参照**）。

　このように老人福祉法は，介護保険法が導入された現在でも固有の意義を有しているが，実態的には介護保険の比重が高くなっている。捉え方によっては，老人福祉法の空洞化が進んだことにもなる[6]。

## 3　住宅施策との関係　●　●

　衣食住と言われるように，住まい方は高齢者対策としても重要である。この点から老人福祉法を見ると，養護老人ホーム，特別養護老人ホーム及び軽費老人ホーム（ケアハウス，都市型ケアハウス等）のように老人福祉施設（第1種社会福祉事業）に位置付けられているもののほか，届出義務のある施設として**有料老人ホーム**が規定されている（老福法29条等）。これに対して，施設類型ではないが，認知症高齢者の共同生活住居と言える認知症高齢者グループホーム等（老福法5-2条6項）も高齢者の住まいとして捉えられる。これに対して，住宅政策としては，公営住宅法に基づく公営住宅があり，高齢者世帯は特定目的住宅として優先入居等の特別の配慮の対象となる。また，より社会福祉に近

---

（6）　この点を指摘するものとしては，久塚純一「介護保険をめぐる基本課題——制度創設からの軌跡を手掛かりに」日本社会保障法学会編『新・講座社会保障法2　地域社会を支える社会福祉』（法律文化社，2012年）245頁以下

い住宅政策としては，高齢者の居住の安定確保に関する法律（高齢者住まい法）に基づく**サービス付き高齢者向け住宅**（サ高住）がある。

　このような多様な住まい方に関わる施設等は，老人福祉施設でないとしても，**地域包括ケアシステム**が叫ばれる今日，重要性が増している[7]。逆に言えば，老人福祉施設を代替・補完する機能が各種施設等には存在していることになる。

　このことは，介護保険法上の扱いにも反映している。例えば，特別養護老人ホーム及び認知症高齢者グループホーム等のように，それぞれ介護福祉施設，認知症対応型共同生活介護等として給付対象となるものがあるが，養護老人ホーム，軽費老人ホーム，有料老人ホーム及びサービス付き高齢者向け住宅の場合にも，特定施設入居者生活介護，訪問介護・通所介護等の居宅サービスとして給付がなされる。つまり，箱物から提供サービスまで丸ごと社会福祉に位置付けられる老人福祉施設以外であっても，介護保険という給付法が存在することにより，介護サービスの提供に関わる部分のみを給付に取り込むこと（サービスというソフト面のみ評価すること）が可能になっていることになる。


## ● ● 第 3 節　介護保険法 ● ●

### 1　概　観 ● ● ●

　介護の社会化が喫緊の課題となる中で，選択できる福祉を目指して 1997 年に成立した**介護保険法**は，「保険」の名のとおり，我が国 5 番目の社会保険として 2000 年から施行されている[8]。

　**介護保険**は，「加齢に伴って生ずる心身の変化に起因する疾病等によ」る「要介護状態」に着目した制度であり，「国民の保健医療の向上及び福祉の増進を図ることを目的とする」（1条）ことから，社会保険であると同時に社会福

---

(7)　地域包括ケアシステムについては，介護保険法がその理念を「可能な限り，住み慣れた地域でその有する能力に応じ自立した日常生活を営むことができるよう，保険給付に係る保健医療サービス及び福祉サービスに関する施策，要介護状態等となることの予防又は要介護状態等の軽減若しくは悪化の防止のための施策並びに地域における自立した日常生活の支援のための施策を，医療及び居住に関する施策との有機的な連携を図りつつ包括的に推進する」（5条3項）ことと規定している。

(8)　介護保険以外の社会保険については，**総論・保険法**第 8 章以降参照。

祉制度でもある。さらに，サービスの総合化を目指した介護保険は，保健医療の側面も有することから，分野横断的な性格を有している。それらをつなぐ理念が要介護高齢者の「尊厳」の保持や日常生活の「自立」であり，この点も法の目的として規定されている。このほか法目的には「国民の共同連帯の理念」を掲げられており，このことが介護の社会保険方式化を理念面から支えている。

## 2　保険関係 ●●●

　介護保険の保険関係は，保険者である市町村（特別区を含む）と当該市町村内に住所を有する**第1号被保険者**（65歳以上の者）及び**第2号被保険者**（40歳から64歳の医療保険加入者）との間に成立する。

　保険者は，最も身近な行政（基礎的自治体）である市町村であるが，財政面も含め都道府県（広域的自治体）及び国が重層的に支える構造となっている（5条）。また，医療保険各法の医療保険者は，第2号被保険者の保険者として介護保険と接点を有しており，介護保険事業への協力義務がある（6条）。このほか，サービス提供組織（指定事業者），介護報酬の審査支払機関等もあり，介護保険のステークホルダーは多岐にわたる（第3章図3-4参照）。

　被保険者については，第1号被保険者が住所要件と年齢要件のみであるのに対して，第2号被保険者は医療保険加入要件がある。この結果，第1号被保険者には生活保護受給者が含まれるが，第2号被保険者からは，国民健康保険の適用除外となっている生活保護受給者が除かれることになる。このため，第2号被保険者とならない生活保護受給者を対象として，生活保護法の中に介護扶助が別途設けられている（15-2条）。このことは制度体系上のちぐはぐさを感じさせるが，第2号被保険者が医療保険を前提とすることの帰結であり，職域連帯（職域，同業同種等の連帯）と地域連帯（地域共同体内部の連帯）に依拠することで制度が分立する医療保険と，基本的に地域連帯に依拠する一元的な制度である介護保険との違いの反映でもある（**総論・保険法**第4章第3節2(1)，同第1節1参照）。なお，生活保護受給者である第1号・第2号被保険者の場合には，介護保険から給付されない一部負担部分が介護扶助により賄われる。

## 3　要介護認定等 ●●●

　介護保険における保険事故（偶発性・定型性のある要保障事由。**総論・保険法**第4章第2節1参照）は，**要介護状態**及び**要支援状態**である。この点，他の保

険制度と異なり，介護保険法は詳細な定義規定を置いている（7条1・2項）。すなわち，

① 要介護状態（1～5の5段階）については，その原因として「身体上又は精神上の障害」を挙げた上で，「日常生活」に着目した「基本的な動作」について常時介護を要すると見込まれることを要件として，介護の必要度に応じた要介護状態区分に該当することが求められる。

② 要支援状態（1～2の2段階）については，その原因として「身体上又は精神上の障害」を挙げた上で，「日常生活」に着目した「基本的な動作」についての常時介護を要する状態がメルクマールとなる点や，支援の程度は要支援状態区分によって判断される点では要介護状態と類似するが，既に常時介護を要する状態にあるのではなく，その状態の「軽減若しくは悪化の防止に特に資する支援を要すると見込まれる」状態，又は「日常生活を営むのに支障があると見込まれる状態」が対象となる。

保険給付に当たっては保険事故の発生が給付の前提となる。このため社会保険の中には，その判断の必要性から，年金の裁定，労災の認定，失業認定等の一定の手続きが介在する場合がある。医療保険の療養の給付等は，モラルハザードが発生しにくいことから，傷病の判断は医師等の専門性に委ねられている[9]。それに対して介護保険の場合には，要介護状態等への該当性等を保険者が審査・判定する手続きとして，要介護の場合の**要介護認定**と要支援の場合の**要支援認定**（以下「要介護認定等」という）を設けている。このことは，極端な場合には行政内部の裁量で給付決定が行われていた措置制度や医師の個人の専門性に根差した判断に委ねられていた医療と異なる特徴であり，これにより認定プロセスの「透明性」と要介護認定の「客観性」が確保されることになる[10]。

この他にも，介護保険には，要介護認定等の認定権者は保険者であるとしても，そのプロセス上主治医意見書，コンピュータによる一次判定，介護認定審査会による二次判定等を経ることになっているといった特徴がある。また，要介護状態等は変動する可能性があることから更新制となっており，初回6ヶ

---

(9) 医療保険の場合も，平成6年法改正より前は，入院に関して保険者の了解を得ることが規定されていた。

(10) 介護保険制度史研究会編著『介護保険制度史——基本構想から法施行まで』（社会保険研究所，2016年）547-548頁

月・更新時12ヶ月を有効期間の原則とするが，一定範囲（更新認定の最長が36ヶ月）で伸縮可能となっている。

　手続き面では，権利主体である「被保険者」が申請を行うのが原則であるが，指定居宅介護支援事業者，入所施設又は地域包括支援センターが「提出代行者」（介保法施行規則35条4項）として行うことが可能である（介保法27条1項）。この他にも，成年後見人が代理する場合が想定されるが，家族，親族等による申請の場合には，当該者は履行補助者と解することになろう。

## 4　給　付　●　●　●

### （1）給付の概観

　介護保険の給付は，要介護状態に係る**介護給付**（40条），要支援状態に係る**予防給付**（52条）及び市町村の独自給付として条例で定められる市町村特別給付（62条）に分かれる。

　このうち介護給付は，更に①居宅介護サービス費，②地域密着型介護サービス費，③居宅介護福祉用具購入費，④居宅介護住宅改修費，⑤居宅介護サービス計画費，⑥施設介護サービス費，⑦高額介護サービス費，⑧高額医療合算介護サービス費，⑨特定入所者介護サービス費に分かれる。なお，①，②，⑤，⑥，⑨については，要介護認定前の緊急時のサービス受給，指定事業者以外からのサービス受給等の例外的場合であっても給付が行われる「特例……サービス費」が設けられている。

　次の予防給付は，①介護予防サービス費，②地域密着型介護予防サービス費，③介護予防福祉用具購入費，④介護予防住宅改修費，⑤介護予防サービス計画費，⑥高額介護予防サービス費，⑦高額医療合算介護予防サービス費，⑧特定入所者介護予防サービス費である。介護給付と異なるのは，施設サービス費が存在しないことである。なお，①，②，⑤，⑧については，要支援認定前の緊急時のサービス受給，指定事業者以外からのサービス受給等の例外的場合であっても給付が行われる「特例……サービス費」が設けられている。

### （2）支給限度基準額

　介護保険の給付は，要介護状態区分等に応じた限度額，基準等に則して支給される。特に居宅介護サービス費等の対象となる居宅サービス（介護予防サービス）及び地域密着型（介護予防）サービスについては，複数のサービスを組

合わせて利用することを想定しており，対象サービスを包含した**支給限度基準額**が設けられている（43条，55条）。これに対して，単品サービスである福祉用具購入費及び住宅改修費は，個別に支給限度額が設定されている。また，特定施設入居者介護，認知症対応型共同生活介護，地域密着型特定施設入居者生活介護，地域密着型介護老人福祉施設入所者生活介護等は，特段支給限度額はなく，介護報酬（本章本節7）の範囲で支給される。

### （3）ケアプラン

介護給付と予防給付を通じた介護保険の特徴は，**ケアプラン**に関する居宅介護・介護予防サービス「計画費」が保険給付化されていることである。

ケアマネジメントの考え方によれば要介護認定からの一連の手続きとなるが，片や保険者事務，片や保険給付として分離されている。この点，ケアプランの作成を要介護認定と同様に保険者の権能とすれば，従前の措置制度と変わらなくなる。また利用者の選択という点でも一律のケアプラン作成は望ましくない。このための工夫として，ケアプランの自己作成（セルフケアプラン）も可能とすると同時に**ケアマネジャー**（介護支援専門員）によるケアプランの作成をサービス計画費として位置付け，一部負担なしの10割給付としている[11]。

なお，施設入所の場合には，施設サービス提供の一環として施設ケアプランが作成されケアマネジメントが行われる。この場合には，結果的に一部負担が発生することになる。

## 5　一部負担　● ◕ ○

介護保険の**一部負担**は，定率負担（費用に対して発生する一定額の負担。**総論・保険法第7章第1節3(1)参照**）の1割が原則である。ただし，ケアプランに係る居宅介護サービス計画費等は前述のように全額給付となっている。また，世代間の公平の観点から，一定以上所得のある者は2割負担，現役並み所得者は3割負担となっている。

このような一部負担は，サービスの利用者と非利用者との公平性を確保する上で重要である。とりわけ介護の場合には，医療と比べても年齢が比較的若いと非利用者の割合が多くなることから，保険料財源と一部負担とのバランスも

---

(11)　介護保険制度史研究会編著・前掲注(10) 76-77 頁

重要となる。とはいえ，過度な負担はサービス利用を阻害する懸念もあり，介護保険においては負担が所得水準に応じて一定限度に収まるよう**高額介護サービス費**等が設けられており，介護給付及び予防給付として支給される。

　また，介護保険も社会保険における応益負担原則を基本としているが，所得による負担割合の多段階化，居住費・食費に係る補足給付等により，応能負担の色彩が強くなっている（第4章第4節1参照）。このことは保険料の拠出段階に加え給付段階でも応能負担要素が入ることを意味しており，高額所得層には二重の応能負担がかかることになる。

## 6　事業者の指定 ● ●

### （1）指定制度

　事業者等がサービス提供を行い，利用者への給付を代理受領するためには，都道府県知事（大都市特例あり。地域密着型サービスの場合は市町村長）から事業者等としての**指定**を受けることが必要となる。この場合の指定は，指定基準を満たしているか否かの**確認**とされる[12]（第3章第2節4(2)参照）。

　指定制度の例外は，**介護老人保健施設及び介護医療院**である[13]。両施設は，介護保険法上の施設であることから，特段の指定行為は存在せず，都道府県知事の施設の許可（94・107条）によって当然介護保険の給付対象施設となる。留意点としては，介護老人保健施設及び介護医療院は病院・診療所ではないが，医療法及び医療保険関係法令等以外では，原則的に病院・診療所に含まれることである（106・115条）。なお，**介護老人福祉施設**は老人福祉法上の特別養護老人ホームであり，両法の規制に服する。

　指定を受けると，事業者等は介護保険法上の人員基準，設備・運営基準等の遵守義務を負うことになる（73条等）。都道府県知事等は，事業者等に対する報告徴収，質問・立入検査権を有する（76条等）。仮に基準等に従った適正な

---

(12)　増田雅暢『逐条解説介護保険法』（法研，2014年）284-285頁
(13)　制度創設時の介護療養病床である介護療養型医療施設は，「療養病床等を有する病院又は診療所であって，当該療養病床等に入院する要介護者に対し，施設サービス計画に基づいて，療養上の管理，看護，医学的管理の下における介護その他の世話及び機能訓練その他必要な医療を行うことを目的とする施設」（旧介護保険法8条26項）であったが，本則上は廃止されており2023年度末まで経過的に存続することになっている。これに代わる施設として，2017年の制度改革で介護医療院が導入された。

運営が確保されない場合等については，都道府県知事等は，事業者等への勧告，公表，命令等の指導監督権限を有する（76-2 条等）。さらに，不正等の場合には，事業者等の指定取消，指定の効力停止も可能である（77 条等）。

**（2）需 給 調 整**

　一定のサービスに係る指定又は許可については，供給過剰等を防止するため，**総量規制**が設けられている。この結果，供給過剰等のため介護保険事業（支援）計画又は老人福祉計画の達成に支障を生ずるおそれがある場合には，事業者等を指定・許可（変更を含む）しないことができる。当該規制は営業の自由に対する制約であるため，不当な制約とならないよう必要かつ合理的であるかの検討が必要となる。この点，実定法に即して 2 つに分けて考える必要がある。

① 施設設置・開設許可……介護老人福祉施設の設置認可（老福法 15 条），介護
　老人保健施設の開設許可（同 94 条），介護医療院の開設許可（同 107 条）

② 事業者指定……介護専用型特定施設入居者生活介護及び地域密着型特定施
　設入居者生活介護（同 70 条 4 項），混合型特定施設入居者生活介護（同 70 条
　5 項），認知症対応型共同生活介護，地域密着型特定施設入居者生活介護，
　地域密着型介護老人福祉施設入所者生活介護の事業者指定（同 78-2 条 6 項）

　このうち①は，社会保険の指定制度ではなく，事業規制である。合憲性の判断に当たって，消極的・警察的規制に対しては，目的と手段の均衡等の厳格な基準が適用される（薬局距離制限判例である最大判昭和 50 年 4 月 30 日民集 29 巻 4号 572 頁）。当該許可制の目的は，根底にある第 1 種社会福祉事業の規制に即して言えば権利侵害の防止にあることから，厳格な基準が適用される規制と解される余地がある。そうであれば，当該総量規制の場合には目的と手段の関係が重要となる。

　②については，社会保険の事業者等の指定であり，医療保険の過剰病床の保険医療機関の指定拒否処分と同じように，制度運営効率化のための必要かつ合理的な措置であることを理由に合憲と解する（最一小判平成 17 年 9 月 8 日判時 1920 号 29 頁）ことができるようにも思われる。しかし，医療保険は「療養の給付」を基本として，保険医療機関等の指定は，現物給付のための保険医療組織の一端を担う地位に双務契約を通じて入ることを意味する。それに対して，介護保険の指定は，法定代理受領（現金給付の現物給付化）の対象となる事業者等として質の面等で要件を充足するかの確認行為であって，契約関係に入る

のとは異なる。つまり，介護保険は，医療保険のような保険医療機関等の指定という契約の下で現物給付によるサービス提供を行う法体系ではない。そうであれば，供給過剰等の理由でもって特定の事業者を介護給付費の支払対象から外すことについて，確認行為という枠組の中での妥当性が問題となる。

　以上のように検討すべき点が多い。①・②との関係で少なくとも言えることは，サービスの見込量等を規定する介護保険事業計画は保険料等の収入面のみならずサービス供給という支出面でも一定の規範性を有することである。

　なお，地域密着型サービスのうち総量規制の対象は法律で限定されているところ，対象外のサービスの指定にこれを類推適用した事案については，裁判例は，法律が介護保険事業計画への支障のおそれを理由に指定拒否できる場合とそうでない場合を書き分けていることから，類推適用は法の趣旨に反し許されないと判示している(14)。

　このほか，需給調整に関連する仕組みとしては，都道府県知事による指定に当たっての市町村長との協議が規定されている。具体的には，
① 居宅サービス（特定施設入居者生活介護等を除く）の指定に係る市町村からの求めに対する都道府県知事から市町村長への通知義務，市町村長からの意見提出，当該意見を勘案した条件付き指定（70条7～9項），
② 定期巡回・随時対応型訪問介護看護，小規模多機能型居宅介護等を有する市町村長からの都道府県知事に対する居宅サービスの指定に関する協議及び協議結果に基づく指定拒否等（70条10・11項）
が規定されている。このような指定拒否処分は，市町村に指定権限のある定期巡回・随時対応型訪問介護看護等の地域密着型サービスの普及のための措置とはいえる。そして，地域マネジメントの観点から導入された市町村協議制も含め，現在介護保険における需給調整の重要性が増大しているといえる。

## 7　介護報酬 ● ● ●

　**介護報酬**の算定基準は介護報酬の価格表であると同時に請求・支払基準である（41条以下）。さらに，公的価格としての介護報酬は介護報酬単位数表として厚労省告示等で規定されるなど，医療保険の診療報酬（**総論・保険法**第8章第2節4(1)）に類似した構造である。ただし介護報酬の場合には，単位数に乗

---

(14)　名古屋高判平成21年7月15日裁判所ウェブサイト

じる単価は全国一律10円ではなく，地域等の差を反映させるため地域別（8区分）及び人件費割合別（3区分）で変動するほか，算定基準に基づく費用額が実費用額を超えるときは当該実費用額で支払われるといった特徴がある[15]。

　介護報酬は，事業者等の収入であると同時に，保険者の支出である点で対向的であり，関係が複数の事業者等と複数の保険者間で大量に発生する。このため，請求に対する支払いに当たっては，算定基準に加え設備・運営基準に照らして客観的・効率的に審査が行われる必要もあり，実際には市町村から国保連（国民健康保険団体連合会）に審査支払事務が委託されている。

　介護報酬自体は民事債権であるが，不正請求に対しては事業者の指定取消等（77条1項6号等）が可能である。この指定取消等は，指定・許可権者が有する指導監督権限に基づくものであり，その前提となる指定・許可は自治事務とされている。

　介護報酬に係る裁判例としては，介護タクシーサービスを提供していた指定居宅ザービス事業者による居宅介護サービス費請求が減額査定されたことに対して，当該事業者が保険者を相手に差額分の請求及び請求権の確認を求めた事案がある[16]。裁判所は，居宅介護サービスに係る契約は，ケアプランに沿って当事者間で算定基準に対応する内容で契約が成立し，その内容に拘束されることになるとした上で，契約内容等が法令で規定されているとまでは言えないとして，次のように判示した。

　「サービス費算定基準は，法41条4項1号に基づいて定められたものであり，指定居宅サービスの対価を同基準に委ねている場合には，ケアプランにおいてサービスの種類，内容，回数等が定められると，その対価が同基準によって自ずと定まる仕組みになっており，その意味では，指定居宅サービス事業者において，同基準と異なるサービスの対価を定める自由はないということができる。しかしながら，いかなるサービスをどの程度利用するかは，指定居宅介護支援事業者が居宅要介護者の同意を得て作成するケアプランにおいて定められるのであるから，このケアプランに基づいて締結された契約の内容が法令等によって定められているということはできない」。

　介護報酬の不正請求（偽りその他不正行為）に関しては，事業者に対して，

---

(15)　医療保険の場合にも，療養費等の現金給付は，その現物給付化の場合も含め，実際に要した費用の額を超えることができない旨の規定がある（健保法87条3項等）。

(16)　高松高判平成16年6月24日判タ1222号300頁

報酬支払額に 40％の加算金を上乗せして請求することができる（22条3項）。加算は，一種のペナルティである。これに関連した裁判例として，指定居宅サービス事業者等がサービス提供責任者を配置しておらず，調査に対しても虚偽報告をするなど，法の要件を欠いた報酬請求であったことから，加算金を含めた当該報酬の返還を求めた事案がある[17]。裁判所は，サービス提供責任者の欠員を事業者が認識しながら請求を行ったと認定し，事業者の加算金及び報酬額の返還義務を認めたが，同一事業所が作成した居宅サービス計画に係る居宅介護サービス計画費の請求については，「法は，指定居宅介護支援事業と指定居宅サービス事業を別個のものと定めて」いることを理由に請求を認めなかった。また，利用者は，訪問介護利用者負担額減額公費負担分及び介護扶助費の支給対象であったことから，その分が不当利得に当たるかが問題となったが，その点に関して，「被告会社の訪問介護サービス事業は，法の要件は欠いていたものの，利用者に対して一定の訪問介護サービスが利用者に提供されていたことは認められる。そうすると，被告会社は，その訪問介護サービスの相応の利用料を受領する権利をなお有しているとみる余地があり，利用者が被告会社に対して支払うべき自己負担分が厚生労働大臣が定める基準により算定した費用の額の10分の1であること（法41条4項1号），被告会社と利用者の間で，少なくとも，その範囲については訪問介護サービスの利用料として支払う合意が存続しているとも考えられることからすれば，このような自己負担分については，被告会社に不当利得があるとまでいうことはできない。したがって，原告が，生活保護法15条の2などに基づいて，利用者に代わって自己負担分の全部又は一部（公費減額分）を支払った場合においても，それについて，被告会社が不当に利得を得たということはできない。よって，原告の被告に対する不当利得（民法703条）に基づく請求は理由がない」と判示している。この点については，法の規定違反を理由に指定取消を受けた事案であり，介護保険法の下での債務の本旨に従った契約履行でないことから，疑問が残る。

## 8 地域支援事業 ●

2006年の改正で導入された**地域支援事業**は，総合的な介護予防事業の観点から，それまでの老人保健事業（老人保健法），保健福祉事業（介護保険法）及

---

(17) 京都地判平成18年9月29日裁判所ウェブサイト

び介護予防・地域支え合い事業等（予算事業）を再編して創設された。

　その後の改正を経て，現在，地域支援事業は，①**介護予防・日常生活支援総合事業**，②**包括的支援事業**及び③**任意事業**で構成されている。財源は，①は通常の給付費と同じ財源構成であるのに対して，②及び③は，国 39％，都道府県 19.5％，市町村 19.5％，第 1 号保険料 22％となっており，第 2 号保険料は投入されない（第 1 号保険料，第 2 号保険料につき**本章本節 10 参照**）。

　2012 年に創設された介護予防・日常生活支援総合事業は，従前要支援者に支給されていた介護予防給付のうち訪問介護及び通所介護を移行させる形で創設された事業である。現在，要支援 1 〜 2 の要支援者，それ以外の者を対象に，介護予防・生活支援サービス事業（訪問型サービス，通所型サービス，配食等の生活支援サービス，介護予防支援事業（ケアマネジメント））及び一般介護予防事業が実施されている（115-45 条 1 項）。

　また，包括的支援事業としては，地域包括支援センターの運営（介護予防ケアマネジメント，総合相談支援業務，権利擁護業務，ケアマネジメント支援，地域ケア会議の充実），在宅医療・介護連携推進事業，認知症総合支援事業（認知症初期集中支援事業，認知症地域支援・ケア向上事業等），生活支援体制整備事業（コーディネーターの配置，協議体の設置等）がある（115-45 条 2 項）。

　さらに，任意事業である地域支援事業には，介護給付費適正化事業，家族介護支援事業，その他の事業が含まれる（115-45 条 3 項）[18]。

　これらの事業のうち，介護予防・日常生活支援総合事業の介護予防支援事業（ケアマネジメント）及び包括的支援事業を担う施設として地域包括支援センターを市町村は設置することができる（115-46 条）ほか，老人介護支援センター（老福法 20-7 条 1 項）等に委託することができる。この地域包括支援センターは，2006 年の改正により導入された施設であり，地域包括ケアの中核的役割を担う機関である。

　更に地域包括ケアとの関連では，市町村に設置される地域ケア会議が重要である（115-48 条）。地域ケア会議は，関係者等が支援対象者に係る適切な支援体制を検討するための会議体で，設置は市町村の努力義務である。

---

(18)　市町村は，地域支援事業を行うに当たって，高齢者医療確保法の高齢者保健事業との連携を図るとともに，高齢者保健事業及び国民健康保険保健事業と一体的に実施するよう努めることとされている（115-45 条 5 項）。

## 9 介護保険事業計画 ● ● ●

　介護保険の特徴は，3年1期の介護保険事業計画等の行政計画を制度に組み込み，保険料も計画を踏まえ設定され，更に介護報酬の3年に1度の改定もこのタイミングで行われるなど，給付法と計画法が一体化していることにある。経緯的には，ゴールドプラン及び新ゴールドプラン（第4章第2節3）以来の介護サービス基盤の計画的整備の流れを汲むものである。介護保険法施行直前の1999年12月にはゴールドプラン21が策定されているが，2004年度の介護サービスの提供量を反映することで，それまで整備目標としての計画から介護保険への転換が図られている。しかし，このような行政計画は，社会保険法の分野では例外的である。例えば国保の高医療費指定市町村制度が存在したものの，対象，目的，手段等が限定されており，医療供給体制と医療保険財政を連関させた計画は存在しない[19]。その後，高齢者医療制度の医療費適正化計画が登場するが，これも医療計画（第4章図4-3）とは別個の計画である。その点で，介護保険における計画は，法体系上も重要である。

　介護保険の計画体系は，国の**基本指針**（116条），**市町村介護保険事業計画**（117条），**都道府県介護保険事業支援計画**（118条）によって構成される（第4章図4-3）。計画は，国の基本指針に即して，介護ニーズ等を把握した上で必要となるサービスの見込量等を盛り込む形で策定される。計画が意味を持つのは，それが市町村の介護保険料，都道府県の介護サービスの基盤整備に跳ね返るためである。

　また，行政計画においては，各種計画間の調和が重要であり，このため調和条項が設けられることがある。介護保険の計画の場合には，市町村及び都道府県の老人福祉計画と一体のものとして作成するよう義務付けられている（116条6項，117条5項）。また，社会福祉法の地域福祉計画等の他の計画との関係では，それぞれの計画と調和・整合性を確保するべきことが法律上規定されている（117条7・8項，118条6・7項）。このほか，市町村介護保険事業計画には，地域支援事業と高齢者保健事業及び国民健康保険保健事業の一体的実施が規定事項に含まれている。

---

(19)　高額医療費指定市町村は，医療費の地域差解消を目的として，1988年度に導入された。仕組みは，まず厚労大臣が高医療費の市町村を指定し，当該市町村が国保事業の運営安定化に関する計画（安定化計画）を作成するとともに，国・都道府県の指導・助言の下に，給付費の適正化等国保事業の安定化のための措置を講ずるものである。

## 10 財 政 ● ● ●

### （1）財 源 構 成

　介護保険の給付費財源は，**保険料** 50％と**公費**（税金）50％で基本的に構成されている。その点では，社会保険の中でも，公費負担割合の高い制度である（**総論・保険法第 6 章第 3 節**参照）。

　このうち公費は，原則的に市町村 12.5％，都道府県 12.5％，国 25％で分担するが，施設等給付の場合には，都道府県 17.5％，国 20％となっている。地域支援事業については，介護予防・日常生活支援総合事業が原則的な負担割合（市町村 12.5％，都道府県 12.5％，国 25％）であるのに対して，その他の事業は市町村 38.5％，都道府県 19.25％，国 19.25％となっている。

　保険料は，第 1 号被保険者からの第 1 号保険料 23％，第 2 号被保険者からの第 2 号保険料 27％で構成される。この割合は第 1 号被保険者と第 2 号被保険者の人口構成割合を反映しており，第 1 号被保険者と第 2 号被保険者の 1 人当たりの負担が一致することになる。なお，この割合は，3 年の計画期間ごとに見直される。

### （2）公 費 財 源

　公費財源のうち国及び都道府県の負担は，義務的な負担である。また，国の負担のうち 5 ％分は，**調整交付金**として，市町村間の財政力格差是正のため交付される。この他，市町村への財政支援としては，都道府県に**財政安定化基金**（国・都道府県・市町村が 1／3 ずつ負担）が設置され，3 年の計画期間中の収支の変動を緩和するための資金の貸与・交付が行われる。

### （3）保 険 料

　保険料のうち**第 1 号保険料**は，3 年の計画期間ごとに所得段階別の保険料が設定される。徴収は，市町村が行う普通徴収のほか，年金（年額 18 万円以上の場合）からの天引きによる特別徴収がある。

　これに対して，**第 2 号保険料**は，各医療保険者が各制度の算定方法に即した保険料を徴収し，診療報酬支払基金へ介護納付金として納めた後に市町村に介護交付金として配分される。

# ● 第7章 ●

## 障害者福祉法

## ● 第1節 基本構造 ●

### 1 障害者福祉法の概観 ● ● ●

　障害者施策は，ノーマライゼーション，エンパワーメント，インクルーシブ等の理念に裏打ちされて拡大・発展してきている。障害者問題への法的アプローチという点では，障害者福祉のみの対応では，狭すぎる観がある。例えば，特別支援教育等の教育，バリアフリー等の国土交通，障害者雇用等の労働等も含め，総合的に捉えることが必要なのが障害者分野である。さらに，いずれの分野においても障害者の権利擁護の視点が欠かせない。その点では，分野横断的に「障害者法」といった法領域が形成されつつあるのもゆえあることである[1]。

　さらに社会福祉に限って見ても，障害者福祉の射程は拡大している（図7-1）。戦後，児童福祉法（1947年）や身体障害者福祉法（1949年）から出発した障害者福祉は，福祉六法の一つである精神薄弱者（現行：知的障害者）福祉法（1960年）を加えることになる。それに対して精神障害者に係る施策については，公衆衛生対策である精神衛生法（1950年）から出発した精神保健福祉法の法律名が示すように，1995年の改正を経て精神障害も障害者福祉の一角を占めるようになっている[2]。また2004年には発達障害者支援法が制定され，現在では

---

(1)　河野正輝は，独自の分野として「障がい法」を提唱している（河野正輝「『障がい法』の視点からみた障害者自立支援の課題（特集：これからの障害者自立支援・高齢者福祉）」社会保障法25号（2010年）63頁以下）。

(2)　1993年の障害者基本法の制定により，障害者の範疇に精神障害者が明記されたこともあり，1995年に精神保健法が改正され，精神障害者の社会復帰施策等の福祉的側面を

図7-1 障害者福祉法の概観

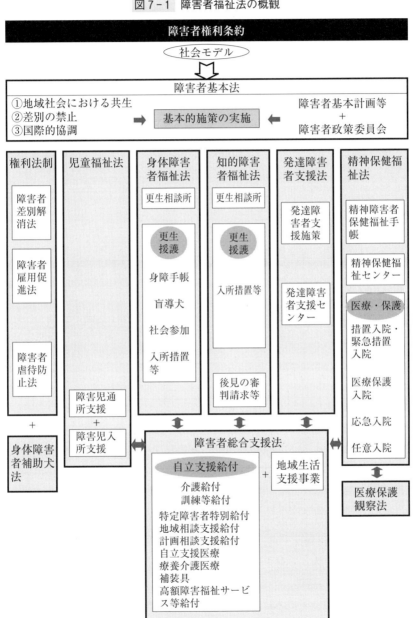

（出典）筆者作成

充実させることにより，現在の「精神保健及び精神障害者福祉に関する法律」となった。

障害者基本法（2条）の定義上も，精神障害の中に含める形ではあるが，発達障害に障害としての位置付けが付与されている。

　このような分野別の社会福祉法体系を基礎としつつ，社会福祉基礎構造改革の一環として登場した障害者支援費制度，その後の障害者自立支援法（2005年）を抜本的に見直した障害者総合支援法が，障害者福祉サービスに係る費用を給付する給付法として機能している。この結果，障害者総合支援法（「障害者の日常生活及び社会生活を総合的に支援するための法律」の略称）が障害者に関する福祉各法と相まって障害者福祉が担保されることになっている。

　しかし，障害者福祉は，サービスの給付に止まらない。虐待防止に関しては，個々のサービス等の人員・設備・運営基準等に身体拘束等の禁止，運営規程への虐待防止禁止の記載義務等が盛り込まれる形で実施されてきた部分がある。現在では，障害者虐待防止法のように，虐待そのものに着目した虐待防止法制が児童及び高齢者に加え障害者分野にも登場している。また，成年後見等の権利擁護も障害者問題に深く関わる。さらに，2013年の障害を理由とする差別の解消の推進に関する法律（以下「障害者差別解消法」という）により，障害者雇用促進法とともに障害者差別禁止に関する法制が登場してきている。

　このほか，身体障害者補助犬法（2002年）のように，施設等での補助犬の同伴の拒否を禁止すること等により，障害者の自立及び社会参加の促進を図る法律も登場している。また，国等による障害者就労施設等からの物品等の調達の推進等に関する法律（2012年）のような経済活動に関わる法律も登場している。これは，国等の障害者就労施設等からの物品調達等に関する責務を規定するとともに，国等の公契約の参加資格について，障害者の法定雇用率又は障害者就労施設等からの物品調達に配慮することを努力義務化するものである。

　以上が示すような障害者問題の広い射程を捉える上で重要な法律が障害者基本法である。1970年の心身障害者対策基本法を前身とする障害者基本法は，各分野に跨がる障害者施策の総合性・統一性を確保するため制定されたものであり，障害者施策の射程の広さを反映している。基本法は理念法と言われるが，それ自体が国民の権利義務を規定しないとしても，各種法律を領導する理念を打ち出すことの意義は大きい。とりわけ，障害者分野では，国際的潮流がそこに反映される点で重要である。例えば，国連が国際障害者年（1981年）で「完全参加と平等」の理念を打ち出したが，障害者基本法でも，個人の尊厳を前提として，「社会を構成する一員として社会，経済，文化その他あらゆる分野の

活動に参加する機会を与えられる」べきことが規定されている（1条）。

## 2 障害の概念 ● ● ●

　障害の概念には，それを心身の機能から捉える**医学モデル**と社会との相互作用から捉える**社会モデル**がある。我が国が批准（2014年）している**障害者権利条約**は，その前文で「障害が発展する概念であることを認め，また，障害が，機能障害を有する者とこれらの者に対する態度及び環境による障壁との間の相互作用であつて，これらの者が他の者との平等を基礎として社会に完全かつ効果的に参加することを妨げるものによつて生ずること」と規定しており，社会モデルが採用されている。

　これを受けて見直された障害者基本法の定義（2条）によれば，障害者とは，「身体障害，知的障害，精神障害（発達障害を含む。）その他の心身の機能の障害（以下「障害」と総称する。）がある者であつて，障害及び社会的障壁により継続的に日常生活又は社会生活に相当な制限を受ける状態にあるもの」である。また，社会モデルの鍵概念である「社会的障壁」については，「障害がある者にとつて日常生活又は社会生活を営む上で障壁となるような社会における事物，制度，慣行，観念その他一切のものをいう」と定義されている。従って，物理的なバリアのみならず，制度・慣行・観念等の一切のものが含まれ，その中には心のバリアも入ってくることになる。

　「障害」の表記も問題となる。「障がい」「障碍」等の表記も存在するが，法令用語としては「障害」が使用されている[3]。

## 3 障害者基本法の意義 ● ● ●

　前述のように**障害者基本法**は，障害者の尊厳の尊重という障害者権利条約（1条）の理念に沿って立法されており，「全ての国民が，障害の有無によって分け隔てられることなく」「共生する社会」を構築することを目的とする（1条）。さらにこの法の理念は，障害者権利条約が打ち出した社会モデルや一般原則とも整合性を確保しつつ，①地域社会における共生等（3条），②差別の

---

(3)　「衆議院議員川内博史君提出法律の条文における『障害』の表記に関する質問に対する答弁書」（2007年8月15日）によれば，1954年の国語審議会の建議を踏まえ，当用漢字表・同音訓表からはずれた「碍」を「害」に改める方針の下で，法令用語の「障碍」も「障害」に改めていくこととされ，現在に至っている。

禁止（4条）及び国際的協調（5条）の基本原則に展開され，国・地方公共団体の施策（6条）や国民の理解（7・8条）を通じて実現されることになる。特に国・地方公共団体の施策は，前記3つの基本原則にのっとり実施されることになっている。例えば障害者差別解消法も，その一環として障害者基本法の基本原則である差別禁止を実現するための立法として位置付けることができる。

　このように障害者基本法の特徴は，その体系性及び広範性にある。その結果，当然ながら，障害者基本法の射程は社会福祉に限定されない障害者施策全般となり，各種施策もまた障害者基本法の下での有機的連携により総合的に策定・実施されることになる（10条）。このことを担保するため，同法は，政府の**障害者基本計画**のみならず，**都道府県障害者計画**及び**市町村障害者計画**という地方レベルの計画の策定も義務付けている[4]（第4章図4-3）。また，策定に当たっては，「私たち抜きに私たちのことを決めないで」という障害者権利条約の考え方に沿って，障害当事者の参加を義務付けている。

　障害者の自立及び社会参加の支援等のための基本施策として，社会保障分野である医療，介護等（14条）及び年金等（15条）が規定されている。また，隣接分野では，インクルーシブ教育の点で重要な教育（16条），療育（17条），障害者雇用に関連する職業相談等（18条）及び雇用の促進等（19条），インフラ関連では住宅の確保（20条）及び公共的施設のバリアフリー化（21条），情報アクセスに重要な情報の利用におけるバリアフリー化（22条），権利擁護に関連する相談等（23条）が規定されている。このほか，経済的負担の軽減（24条），文化的諸条件の整備等（25条），被災及び防犯（26条），消費者としての障害者の保護（27条），選挙等における配慮（28条），司法手続き等における配慮等（29条）及び国際協力（30条）が規定されている。

　以上の各種規定の責任主体の規定振りを見ると，三権分立の関係で「政府」と「国」が混在する。「国」という場合には，行政府のみならず立法・司法府も含まれると解される。従って，差別の禁止等の基本原則に則った対応の責務（6条）等は，立法・司法府にも課せられることになる。

---

(4)　社会福祉分野の計画としては，高齢者保健福祉の推進のために老人保健福祉計画の策定が義務付けられており，1993年の障害者基本法の制定の際に国の障害者基本計画が導入・義務化されるが，都道府県及び市町村の障害者計画は努力義務であった。2004年の改正でこれら計画も義務化された。

# 第2節　身体障害者福祉法，知的障害者福祉法及び精神保健福祉法

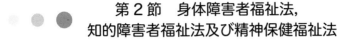

## 1　身体障害者福祉法

**身体障害者福祉法**は，1949年に身体障害者の更生援助及び必要な保護のための法律として制定された。当初法で注目すべきは，差別的取扱の禁止（国・地方公共団体及び国民は，身体障害者に対して，その障害のゆえをもって不当な差別的取扱をしてはならないこと）が規定されていたことである（3条）。

　同法は，その後，対象に内部障害を加えるなど時代に対応して変遷してきた。現在，サービス給付に関する障害者総合支援法により，給付法としての性格が薄れている[5]。しかし，身体障害者福祉法は，身体障害者を18歳以上の身体上障害のある者であって**身体障害者手帳**の交付を受けているものと定義し（4条），障害者総合支援法が対象としない更生援護を実施するなど，障害者福祉法の体系上の重要性を失っていない[6]。この制度の出発点となる障害者の定義の特徴は，児童福祉法との関係で年齢要件があると同時に，手帳の交付を要件としていることである（手帳自体は身体障害児にも交付される）。これは，障害の認定の専門性によるものであるとともに，公平迅速な措置のための便法であると説明されている[7]。また，身体障害の原因という点では，視覚・聴覚・言語障害，肢体不自由等のほかに，内部障害としてヒト免疫不全ウィルスによ

---

(5)　支援費制度が導入される前の身体障害者福祉法で支給されていた身体障害者居宅生活支援費について，介護保険の訪問介護との併給調整規定が問題となった事案がある。具体的には，介護保険法の給付の他に身体障害者居宅生活支援費を受けられる者を全身性障害者に限った通知に基づく不支給決定の取消を求めた事件である。原審（神戸地判平成19年2月2日賃社1479号67頁）が請求を棄却したのに対して，控訴審（平成19年9月13日賃社1479号63頁）は，両法の給付の重複部分について，介護保険が優先することを規定したにすぎないことを理由に請求を認容した。

(6)　障害には，7級までの等級が設けられている（肢体不自由のみ存在する7級は，重複する場合に6級とするための等級）。障害等級は，年金等の社会保険にも見られるが，「それぞれ制度上の趣旨・目的を異にするものであるから，障害の程度もそれぞれ固有の基準に従い各別に判定されるべきものであ」ると解される（東京高判平成15年11月26日判タ1223号135頁）。

(7)　社会福祉行政研究会『社会福祉法制論・財政論』（新日本法規出版，1981年）263頁

る免疫機能障害，肝機能障害等も含まれる。

　行政組織の点では，居住地又は現住地の市町村を援護の実施者と位置付けており（9 条），都道府県及びその身体障害者更生相談所等が連絡調整，助言等を通じて側面支援する体制である（10・11 条）。このほか，民生委員による協力（12-2 条）及び身体障害者相談員による相談援助（12-3 条）が規定されている。これら行政の要となる市町村の役割としては，①身体障害者の発見・その相談・福祉の増進，②情報提供，③身体障害者からの相談・調査・更生援護の必要性の判断・社会的更生の指導等がある。

　身体障害者福祉法は，更生援護においても重要である。そもそも障害者総合支援法の射程外である身体障害者手帳の交付（15 条），身体障害者の審査及び更生相談（17-2 条），盲導犬の貸与（20 条），各種事業や売店設置等を通じた社会参加の促進等は，身体障害者福祉法固有の施策である。それに加えて，障害福祉サービス，障害者支援施設等への入所等の措置についても，障害者総合支援法の介護給付費等を受けることが著しく困難なときは，市町村による措置権が発動される（18 条）[8]。このように補完的に措置が実施される場合には，利用者又は扶養義務者からの費用の徴収（応能負担）が存在する（38 条）。また，市町村及び都道府県の支弁費用に対しては，基本的に国からの 1 / 2 の国庫負担がある（37-2 条）。

## 2　知的障害者福祉法　●　●

　戦後，18 歳未満の障害児について，児童福祉法が精神薄弱児（現：知的障害児）施設を規定していたのに対して，施策が遅れて出発した成人の知的障害者福祉の方は，1960 年の精神薄弱者（現：知的障害者）福祉法制定によって独自の法が登場することになった。

　この知的障害者福祉法の特徴は，知的障害の定義や身体障害者手帳のような手帳制度が存在しないことである。ただし，定義に関しては，精神保健福祉法において，精神障害者は「統合失調症，精神作用物質による急性中毒又はその依存症，知的障害，精神病質その他の精神疾患を有する者」（5 条）と定義されており，その限りでは，知的障害も精神疾患に含まれることになる。実務上

---

(8)　措置に関して，障害福祉サービスができる規定であるのに対して，障害者支援施設等への入所措置は法的義務である。

は，厚労省の「知的障害児（者）基礎調査」の定義である「知的機能の障害が
発達期（おおむね 18 歳まで）にあらわれ，日常生活に支障が生じているため，
何らかの特別の援助を必要とする状態にあるもの」が参考となる。また，手帳
に関しては，通達（1973 年）に基づく制度として導入された**療育手帳**（名称は
地方公共団体によって異なる）が存在するが，地方分権により現在は地方独自の
制度となっている[(9)]。

　立法技術上，知的障害者福祉法は，障害者総合支援法との関係など，身体障
害者福祉法と類似の法律構成となっている。具体的には，居住地又は現住地の
市町村を更生援護の実施者と位置付けており（9 条），都道府県及びその知的
障害者更生相談所等が連絡調整，助言等を通じて側面支援する体制である
（11・12 条）。要となる市町村の役割についても同様で，①実情把握，②情報提
供，③相談・調査・指導等が規定されている。ただし子細に見ると，例えば，
身体障害者福祉法の目的（1 条）が「身体障害者を援助し，及び必要に応じて
保護」することになっているのに対して，知的障害者福祉法の目的（1 条）は，
「知的障害者を援助するとともに必要な保護を行」うこととなっているなど，
知的障害者福祉法の方が保護の比重が高い規定振りとも解される[(10)]。現代的
に言えば，本人の意思を尊重した意思決定支援等が重視されることになる。ま
た，知的障害者福祉法の場合には，市町村長による後見の審判請求等の規定が
設けられていることも特徴である（28 条等）。

　このほか，民生委員による協力（15 条）及び知的障害者相談員による相談援

---

(9)　療育手帳は要綱上の制度であるが，これを受けることにより，個々に知的障害者で
　　あることの認定を受けずとも，各種福祉措置等を受けられることを理由に，療育手帳の
　　交付決定は，「直接新たに国民の権利義務を形成しまたはその範囲を確定することが法
　　律上認められた行政処分である」とした裁判例がある（東京高判平成 13 年 6 月 26 日裁
　　判所ウェブサイト）。

(10)　知的障害者が知的障害であることにつけ込まれ，障害基礎年金，障害福祉手当等を
　　横領されたことに関連して，相談・申請がなくとも市が知的障害者福祉のための施策及
　　び成年後見人の選任のための積極的な対応を懈怠したとして損害賠償を求めた事案があ
　　る。原審（宇都宮地判平成 20 年 2 月 28 日賃社 1505・1506 号 90 頁）は，本人の意思を
　　尊重する趣旨から申請主義がとられており，行政が申請を待たずに施策を行うことは妥
　　当でないとの理由で請求を棄却した。これに対する控訴審（東京高判平成 21 年 10 月 22
　　日賃社 1505・1506 号 88 頁）では，市による福祉の総合的な体制の一層の充実を内容と
　　する裁判上の和解が成立している。

助（15-2条）が法律に規定されている。また，障害福祉サービス，障害者支援施設等への入所等の措置についても，障害者総合支援法の介護給付費等を受けることが著しく困難なときは市町村による措置権が発動される（15-4・16条）。このように補完的に措置が実施される場合には，利用者又は扶養義務者からの費用の徴収（応能負担）が存在する（27条）。また市町村及び都道府県の措置に関する支弁費用に対しては，国からの1/2の国庫負担がある（26条）。

## 3　精神保健福祉法　●　●　●

　精神障害者政策は保健医療と福祉の両分野に跨がるが，歴史的には戦前に精神病者監護法（1900年）及び精神病院法（1919年）が制定されるなど，公衆衛生対策を基本として発展してきた点に特徴がある。このため，直接的には1950年の精神衛生法に起源を有する現行の**精神保健福祉法**でも，任意入院（20条等），措置入院（29条等），医療保護入院（33条等）やその関連手続き，精神保健指定医（18条等），精神科病院（19-7条等）等の規定は保健医療制度と深く関わる。

　精神障害者問題における福祉的側面にとって重要であったのは，1993年の障害者基本法の制定であった。これにより，三障害と言われるように精神障害者が身体障害者及び知的障害者とともに障害者として明確に位置付けられ，1995年改正による精神保健福祉法につながる。これ以降，精神障害者の地域移行が重視され，社会復帰施策の充実が図られることになる。

　精神保健福祉法の場合にも，障害者総合支援法により，福祉サービスとしての居宅支援事業（ホームヘルプ，ショートステイ，グループホーム）及び社会復帰施設（援護寮，授産施設，福祉ホーム等），公費負担医療である精神通院医療は，同法から統一的に給付（自立支援給付）されることになった。精神保健福祉法における社会福祉関係制度としては，**精神障害者保健福祉手帳**（45条等），精神障害者の社会参加・自立に重要な相談指導等（47条），精神保健福祉相談員（48条）及び市町村による事業の利用に関する調整等（49条），更に普及啓発に関わる精神障害者社会復帰促進センターの設置（51-2条等）が規定されている。

## ● ● ● 第3節　障害者総合支援法 ● ● ●

### 1　制度の位置付け ● ● ●

　現行**障害者総合支援法**は，2000 年以降の社会福祉基礎構造改革の波の中で変遷を重ねてきた障害者福祉の現時点の到達点である。これを敷衍する。障害者福祉の契約化を目指して導入された障害者支援費制度（2003 年実施）は，サービス需要の増大に対して，財政的裏付けの弱さ等の課題を抱えていた。これに対応するために，三障害を一元化し統一的な給付法として 2005 年に登場した障害者自立支援法は，費用の義務経費化により財政基盤が強化されたが，利用者負担について，介護保険と同様の定率の応益負担原則を採用していた。同法をめぐっても利用者負担の見直し（応益負担から応能負担への転換）をはじめ，支給決定，報酬等に関して様々な問題が生じるなか，2009 年の政権交代を機に始まったのが障がい者制度改革推進会議を中心とする障害者施策の見直しであった。その一環として，障がい者総合福祉法（仮称）の制定が検討され，2012 年に制定されたのが障害者総合支援法であった。

　同法は，各種課題に対応するとともに，障害者権利条約の批准を睨んで 2011 年に改正された障害者基本法の理念，基本原則等も反映している。例えば，法目的（1条）に障害者基本法の基本理念に則ることを明記し，その点を基本理念（1-2条）として規定している。この結果，法が目指すべき目的・理念も，地域社会での共生の実現を目指して，改正前の自立した生活から基本的人権の享有主体としての尊厳にふさわしい生活に変化している。

　実定法としての障害者総合支援法は，保険料拠出等の財政面を別とすれば，現金給付の現物給付化による**法定代理受領方式**を採用するなど介護保険法との類似点が多い。その点では，**個人給付方式**による障害者福祉に関する総合的な給付法といえる。ただし，給付内容は，障害者の多様なニーズに基づいた地域生活支援体系の整備等の観点が前面に出ており，ある意味で定型化された要介護度別の介護サービスとは異なる。

　なお，社会福祉基礎構造改革との関係で，障害児等の児童福祉は，成人障害者とは異なる途を歩む。支援費制度導入の際に，在宅の障害児サービスは契約化されたが，施設サービスの方は措置制度のまま存続し，契約化は 2006 年に施行された障害者自立支援法への移行の際であった。その後，2012 年の障害

者自立支援法等の改正により，児童福祉法の下に，成人の障害者相談支援（事業）に対応する障害児相談支援（事業），障害者自立支援法と児童福祉法に分かれていた通所サービスを一元化した障害児通所支援（事業），そして施設毎に細分化されていた入所サービスを一元化した障害児入所支援（施設）を一元的に規定することになった。ただし，居宅サービスである居宅介護及び短期入所は，障害者総合支援法の自立支援給付である。

## 2　制度の概観　● ● ●

### （1）対象者等

　制度の対象は，18歳の年齢で区分されるところの障害者及び障害児である。いずれの場合も，身体・知的・精神（発達障害を含む）の三障害に加え難病を含める（4条1項，児福法4条2項）ことにより，制度の谷間のない支援を実現しようとしている。

　また，制度の実施主体は市町村である。

### （2）給　付

　障害者総合支援法の給付体系は，**自立支援給付費**（6条）と**地域生活支援事業**（77条）に大別される。このうち地域生活支援事業が裁量性の高い市町村事業であるのに対して，自立支援給付費は義務的経費（歳出のうち制度的に支出が義務付けられている経費）として支給されるもので，法律の中核をなす。

　この自立支援給付は，更に①介護給付費，②訓練等給付費，③特定障害者特別給付費，④地域相談支援給付費，⑤計画相談支援給付費，⑥自立支援医療費，⑦療養介護医療費，⑧補装具及び⑨高額障害福祉サービス等給付費の支給に分かれる。これら自立支援給付は，原則として**法定代理受領**による現物給付である。しかし，支給決定までの期間は給付が受けられないこと，指定事業者以外からサービスを受給せざるを得ない例外的状況が存在すること等から，常に現物給付によることが困難である。このため，①，②，③，④，⑤，⑨については，支給決定前の緊急時のサービス受給，指定事業者以外からのサービス受給等の例外的場合に限って償還払により給付が行われる「特例……給付費」が設けられている。また，⑦の関係で，基準該当療養介護医療費がある。

　さらに，自立支援給付の中でも中心的な給付である**介護給付費**及び**訓練等給付費**は，前者が居宅介護，重度訪問介護，同行援護，行動援護，療養介護（医

療以外），生活介護，短期入所，重度障害者等包括支援及び施設入所支援に，また，後者が自律訓練，就労移行支援，就労継続支援，就労定着支援，自立生活援助及び共同生活援助に分類される（28 条）。

　その他の給付は，それぞれ固有の目的を有する。まず**特定障害者特別給付**（34 条）は，低所得者等に対する食費・居住費に係る給付である。次に**地域相談支援給付**及び**計画相談支援給付**（51-5 条等）は，それぞれ地域生活への移行，サービスの利用計画の作成に係る相談支援であって，個別給付の対象となる。なお障害者ケアマネジメントの体系からみると，相談支援は①サービス事業者等との連絡調整等の基本相談支援，②地域移行支援及び地域定着支援である地域相談支援，③サービス利用支援及び継続サービス利用支援である計画相談支援からなる。また，**自立支援医療費**（52 条等）及び**療養介護医療費**（70 条等）は，児童・身体障害・精神に分かれていた制度を一元化した公費負担医療（更生医療，育成医療，精神通院医療）及び常時介護のための療養介護を対象とした給付である。さらに**補装具**（76 条）は，補装具の購入費等を対象とする給付である[11]。最後の**高額障害福祉サービス等給付**（76-2 条）は，利用者負担額が基準を超える場合に支給されるもので，医療保険の高額療養費に相当する。

### （3）利用手続き

　自立支援給付の支給については，申請主義による支給決定方式を採用している。例えば介護給付費の場合だと，市町村は，まず障害者等からの申請を受けて，市町村審査会等による判定に基づく**障害支援区分**の認定を行い（21 条），その上で介護者の状況，利用者の意向等のほかサービス等利用計画案を勘案して，支給量を含めて支給決定を行うことになっている（22 条）。なお，訓練等給付費の場合にも，市町村の支給決定が必要となるが，共同生活援助を別とすると，障害支援区分の認定は原則として不要である。

---

(11)　電動車いすの支給申請の却下処分の取消請求が裁量権の逸脱・濫用を理由に認容された裁判例がある（福岡地判平成 27 年 2 月 9 日賃社 1632 号 45 頁）。裁判所が障害者総合支援法の目的（1 条）に言及し，補装具支給の要否判断に当たって考慮すべき事情として，障害者の身体の状態とともに，日常生活・社会生活の自立の観点から重要な生活状況等も挙げていることが注目される。この裁量統制の枠組みに沿って，裁判所は，補装具の支給基準である要領は，法の趣旨目的に反しない限り妥当するものとした上で，基準の当てはめの段階で，原告の具体的事情に照らして被告の判断が法の趣旨目的に反し，社会通念に照らして著しく妥当性を欠くとの認定をしている。

　障害支援区分は，障害の多様な特性その他の心身の状態に応じて必要とされる標準的な支援の度合を総合的に示す区分である（4条4項）。この障害支援区分の認定の特徴は，市町村審査会による2次判定の前に訪問調査の結果に基づきコンピュータによる1次判定が設けられていることである。また認定に当たっての勘案項目に，障害支援区分等のほか，介護者の状況，介護給付費等の受給状況，利用意向，置かれている環境及びサービス提供体制の状況が入っていることである（障支法施行規則12条）。このため，サービスの種類や支給量に関しては市町村の合理的裁量に委ねられる部分が大きい[12]。

　同様に地域相談支援給付費等の場合にも，障害者からの申請を受けて，市町村が給付要否決定等を行うことになっている（51-5条等）。これに対して，計画相談支援給付費等については，介護給付費等の申請に当たって，市町村からサービス利用計画案の提出を求められた場合等に支給される（51-16条等）。

　また，自立支援医療費等の場合には，障害者等からの申請に基づき，市町村が必要性を判断した上で支給認定等を行うことになっている（52条等）。これに対して，療養介護医療費の場合には，療養介護に係る介護給付費の支給決定を前提としており，指定サービス事業者等から給付を受けた場合に支給される（70条等）。指定事業者等でない場合は，基準該当療養介護医療費となる。

---

(12)　市町村の裁量も無制限ではなく，看過しがたい事実誤認や判断内容が社会通念に照らして明白に合理性を欠くこと等により，裁量権の逸脱・濫用がある場合には違法となる。この点，脳性麻痺の障害者が24時間介護を求めた処分取消及び義務付け訴訟（石田訴訟）において，裁判所は，勘案事項として障害者等の心身の状況に着目し，介護が一定時間数を下回る場合には原告の自立した生活，健康維持等に支障を来すとして，請求を一部認容した（大阪高判平成23年12月14日賃社1559号21頁）。このほか，ALS患者に対する重度訪問介護の支給量を1ヶ月542.5時間を下回らない決定をしないことが裁量権の逸脱・濫用になるとして，処分の取消請求及び義務付け請求を一部認容した裁判例がある（和歌山地判平成24年4月25日判時2171号28頁）。その中で，裁判所は，法の目的に反しないかどうかという観点から検討すべきと指摘した上で，障害の種類・程度その他の心身の状況及び介護者の状況を適正に考慮していないことを理由に裁量権の逸脱・濫用を認定している。これに対して，札幌高判平成27年4月24日判例407号65頁は，重度訪問介護の支給量の決定に当たって，法は勘案事項のみを定め，それ以外は法目的・理念・責務規定しかないことから，市町村の財政事情を全く考慮に入れないことは不可能であり，24時間介護に関しては，市町村の実情に応じた裁量が認められるとの判断を示した上で，支給決定に裁量権の逸脱・濫用に当たる違法はないとしている。

　さらに，補装具の場合には，障害者等からの申請に基づき，市町村が必要性を判断して支給される（76 条）。最後に高額障害福祉サービス等給付の場合には，法的には事後的な償還制度である（76-2 条）。

　ここで問題となるのは，各種給付費の支給の処分性の有無である。行政事件訴訟法（3 条 2 項）が規定する処分は，公権力の主体たる国・地方公共団体が法令の規定に基づき行う行為のうち，その行為によって直接国民の権利義務を形成し，又はその範囲を確定することが法律上認められているものと解される（最一小判昭和 30 年 2 月 24 日民集 9 巻 2 号 217 頁，最一小判昭和 39 年 10 月 29 日民集 18 巻 8 号 1809 頁）。法定代理受領方式を採用する障害者総合支援法においては，市町村が指定事業者からの請求により，厚労大臣の定める基準等に基づき支給量の範囲内で当該事業者に支払うこととなっており，その場合には，支給決定障害者等に給付の支払があったとみなされることになる。従って，支払に当たって，支払決定のような処分は規定されていない。その点では，給付費の支給に処分性を認めることは困難ということになる[13]。

### （4）サービス提供組織

　サービス等の提供組織（デリバリー）に関して，法は，居宅介護，重度訪問介護，同行援護，行動援護，療養介護，生活介護，短期入所，重度障害者等包括支援，施設入所支援，自立訓練，就労移行支援，就労継続支援，就労定着支援，自立生活援助及び共同生活援助を**障害福祉サービス**と定義する。その上で，施設入所支援等の障害福祉サービスを**施設障害福祉サービス**とし，更にこの施設障害福祉サービス以外の障害福祉サービスを行う事業を**障害福祉サービス事業**と位置付けている（5 条 1 項）。

　かかる定義が意味を持つのは，事業者等の**指定**制度の下で，介護給付費及び訓練等給付費の支給対象を原則として指定障害福祉サービス事業者又は指定障害者支援施設によるサービスに限定しているためである（29 条等）。この指定権限は都道府県知事等が有しており，指定事業者等は，自立支援の責務，職

---

(13)　東京地判平成 25 年 1 月 29 日判時 219 号 133 頁は，障害者自立支援法には支給決定に関する規定はなく，介護給付費は法律等によって具体的に定まることから，市町村等による決定等の形成行為又は確認行為によって初めて具体的な権利が発生するものではないと述べた上で，処分性を否定した。控訴審（東京高判平成 26 年 1 月 16 日 LEX/DB 文献番号 25543682）は，原審の結論を維持し，控訴を棄却した。

員・設備・運営基準等の遵守義務等が課せられる（42条等）。この結果，都道府県知事等は，事業者等への勧告，公表，命令等の指導監督権限を有する（48条等）。さらに不正等の場合には，事業者等の指定取消，指定の効力停止も可能である（50条等）。

このほか，指定制度は，地域相談支援及び計画相談支援を担う一般相談支援事業者及び特定相談支援事業者についても設けられている（51-19条等）。また，自立支援医療及び療養介護医療の場合にも指定制度があり，病院，診療所又は薬局が指定対象である（59条等）(14)。

これら指定事業者等は，サービス提供に当たり，事業等の類型に応じて定められる人員・設備・運営に関する基準等を遵守する必要がある。これら基準を都道府県等が条例で定めるに当たって，「従うべき基準」「参酌すべき基準」又は「標準とすべき基準」（第4章第1節4参照）という位置付けとなる場合も含め，人員・設備・運営に関する基準等は，厚生労働省令で規定されている。人員・設備・運営に関する基準等の内容は多岐にわたるが，利用者の権利との関係では，重要事項説明書の交付・説明・同意，契約内容の報告，提供拒否の禁止，サービス提供対応等が規定されている(15)。

## （5）障害福祉計画

障害福祉計画の体系は，国の**基本指針**，それに即して策定される**市町村障害福祉計画**及び**都道府県障害福祉計画**によって構成される（88条等。第4章図4-3）。障害福祉計画の特徴は，基本指針の作成等に当たっての障害当事者等の意見反映のための措置（87条3項），地方公共団体における障害者等が参画す

---

(14) 指定自立支援医療機関の場合にも，医療保険と同様に指定の取消制度があり，不正行為による支払がなされると，全額が不当利得の返還請求の対象となるのに加え，40%の加算金の請求ができることになっている（8条2項）。この点，不正手段により指定を受けた後，指定取消までの医療費について，遡及的に法律上の原因がなくなっているとして，返還命令を適法とした裁判例がある（東京地判平成25年3月12日LEX/DB文献番号25512017）。

(15) 大阪地判平成26年5月8日判時2231号68頁は，施設内の事故を契機とする障害者短期入所サービス利用契約の事業者による解除に係る損害賠償請求事案である。裁判所は，福祉サービスの利用を受けられなくなるような事業者からの一方的な更新拒絶を安易に認めるのは相当ではなく，更新拒絶しうるような正当な理由が見当たらないこと等を理由に契約の黙示的更新を前提として請求を一部認容した。

る協議会（89-3条）の形で障害当事者が明確に位置付けられていることである。

## （6）需 給 調 整

　障害者総合支援法においても，介護保険類似の**総量規制**が存在する（36条2・5項）。この総量規制の対象は，特定障害福祉サービスとして指定されており，事業者等からの申請サービス量が都道府県障害福祉計画の整備量を超える場合には指定しないことができる[16]。つまり，障害福祉計画の達成に支障を生ずるおそれが指定拒否事由となっている。

## （7）財　　政

　**利用者負担**は，家計の負担能力等の事情を斟酌して設定されることになっており（29条3項），応能負担原則による。なお，負担の上限額よりサービス費用の1割相当額が低い場合には，当該サービス費用の1割が利用者負担となる。

　給付費等については，市町村が支弁する費用が多いが，都道府県が25％，国が50％を負担することになっている（92条等）。また，この場合の都道府県及び国の負担は，義務的経費である。

---

(16)　現在指定されているのは，生活介護，就労継続支援A型及びB型である（障支法施行規則34-20条）。

# 第8章

## 子ども福祉法

### ● 第1節 基本構造 ●

#### 1 子ども福祉法の概観

　戦後いち早く制定された児童福祉法は，戦前と異なり，要保護児童のみならず一般児童も射程に入れるなど，児童福祉に関する総合法規となっている。また，教育（幼稚園，特別支援教育），司法（少年法，民法等），障害者福祉，雇用（育児休業，労働基準法，職業訓練等）等の隣接分野と接点を有する点で，他の福祉分野にない特徴を有している。さらに近年では，子ども・子育て支援や子どもの貧困対策等の法制度との関係で，それらの部分集合として保育所，要保護児童対策がそれぞれの法体系に内包化されるようになっている。

　その一方で，児童福祉の固有分野においては，1965 年に母子保健法が児童福祉法から独立したのを嚆矢として，児童手当法等の各種児童福祉立法が児童福祉法とは別に制定されてきているのも特徴である。また，障害児関係では，障害者総合支援法等が児童福祉法や子ども・子育て支援法と関連を持ちつつも別途存在している（第7章第3節参照）。さらに子ども・子育て支援に関しては，この児童福祉法と子ども・子育て支援法が絡み合う。

　このような動きは，児童福祉法が総合法規として出発したことからすれば，逆方向に立法政策が展開してきたことになる。見方を変えれば，児童福祉の射程が要保護児童対策から一般児童対策，少子化対策，貧困対策等に拡大発展し，膨大な体系を成していることの反映でもある（図8-1）。

　児童福祉においては，制度へのアプローチの視点や児童を捉える眼差しが重要である。具体的には，児童福祉における児童及びその最善の利益の視点とと

図8-1 子ども福祉法の概観

| 要保障事由 | 貧困　寡婦・夫　出産　育児　傷病　障害　住居 |
|---|---|

[憲法]

| 日本国憲法 |
|---|
| 幸福追求権，生存権，教育権，勤労権（児童酷使禁止等）等 |

[条約]

| 児童権利条約 |
|---|
| 最善の利益，意見表明，親の第一義的な責任，虐待等からの保護 |

[基本法等]

| 少子化社会対策基本法 | 児童福祉法 子ども・子育て支援法 | 子供の貧困対策の推進に関する法律 | 自殺対策基本法 *自殺者，自死遺族 |
|---|---|---|---|

[一般法]

| 生活保護法 |
|---|
| 生活扶助　葬祭扶助　生業扶助　出産扶助　教育扶助　医療扶助　住宅扶助 |

| 生活困窮者自立支援法 |
|---|

[特別法]

児童福祉法

| 禁止行為 | 母子保護 *母子生活支援施設 | 保育 *保育所 | 助産 *助産施設 | 子育て支援事業 | 療養の指導 小児慢性療養の給付 | 障害児通所給付等 障害児入所給付等 |
|---|---|---|---|---|---|---|

児童買春・ポルノ規制法　児童虐待防止法　母子・父子・寡婦福祉法　子ども・子育て支援法　母子保健法　特別児童扶養手当法　障害者総合福祉法

学校教育法（幼稚園）　認定こども園法　児童手当法

児童扶養手当法

障害児福祉手当

| 少年法 公営住宅等 | 年少保護 育児休業 職業訓練等 | 幼稚園 特別支援教育 | 遺族年金 育児休業給付金 出産手当・出産一時金 療養の給付 障害年金 |
|---|---|---|---|
| 司法，国土交通等 | 職業安定・労働基準 | 学校教育 | 医療保険・年金・雇用保険 |
| [その他] | [労働法] | [教育法] | [社会保険法] |

（出典）筆者作成

もに，親等の保護者の視点も無視できない。特に子育ての問題は，かつての3歳児神話に象徴されるように人々の子育て観によってアプローチが変わってくる。また，男女共同参画やワークライフバランスとの関連でのジェンダーの視点，障害児施策の関係での障害者福祉の視点なども重要である。その点で，児童福祉には複眼的な視点が求められる。

　このような児童福祉の複雑化の結果として，児童福祉全体の俯瞰が難しくなっている感も否めない[1]。その点では，全体を束ねる基本法が重要となる。確かに少子化社会対策基本法があるが，少子化及び少子化社会対策の観点をもって児童（子ども）関連施策全体を包含する基本法であるとまでは言えない。障害者権利条約及び障害者基本法等が有機的に連関する障害者施策と比較するなら，児童分野は，児童権利条約が存在するにもかかわらず，体系性・統一感を欠く嫌いがある。それゆえ，児童関連施策の全体を射程に入れる基本法制定も含め，児童関連法制の体系化が必要な時期に来ている。

　なお，用語法として「**児童**」以外に「**児童家庭**」「**子ども**」等が存在する。また児童の場合にも，法律によって年齢の範囲が異なる。特に児童福祉分野では幼稚園との関係が重要であるが，学校教育法上の児童は小学生であって，幼稚園児は幼児と呼ばれる。このこともあり，就学前の子どもに関する教育，保育等の総合的な提供の推進に関する法律（以下「認定こども園法」という）では，児童ではなく子どもが使用されている。そこでここでは，法分野としては児童福祉法ではなく「子ども福祉法」を用いて，以下論じることにしたい。

## 2　基本法 ●　●

　福祉六法の一つである**児童福祉法**は，児童の福祉を保障するための原理として，児童が**児童権利条約**の精神に則り福祉を等しく保障される権利を有すること（1条）及び国民は児童が心身ともに健やかに育成されるよう努めるべきこと等（2条）を規定しており，当該原理が「すべて児童に関する法令」の施行の指導原理となる（3条）。当初法に既に類似規定を有していた児童福祉法は，その限りでは児童福祉を超えた児童に関する基本法的性格を帯びている。

　しかしながら，隣接分野との関係性を深める子ども福祉にあって，児童福祉

---

(1)　拙稿「社会保障法制における『子ども』のニーズの位置付けと変容（特集：子ども支援／遺族年金／引退と所得保障）」社会保障法32号（2017年）11頁

法が掲げる原理の射程は限定的である。そうした中で，少子化が 21 世紀の国民生活に深刻な影響を及ぼすとの認識の下で 2003 年に制定された**少子化社会対策基本法**は，文字通りの基本法である。内容的には，少子化対策を総合的に推進する観点から，少子化社会対策会議の設置，少子化社会対策大綱の策定等の枠組みの下で，雇用，保育，地域子育て支援，母子保健医療，教育等の各般の施策を実施することが規定されている。同法の意義は，少子化の進展を踏まえ，高齢者対策のみならず少子化問題の重要性を打ち出したことである。その際に，少子化対策ではなく少子化「社会」対策とすることで，社会全体の総合的な施策の推進を意識しつつ，同時に施策の推進に当たって保護者の子育てについての第一義的責任を明確に規定している（2 条）。

このように児童福祉法及び少子化社会対策基本法の射程の限界は，子どもの貧困問題を通じて顕在化する。すなわち，我が国における子どもの相対的貧困率の高さの社会問題化である。2013 年に制定された**子どもの貧困対策の推進に関する法律**（以下「子ども貧困対策推進法」という）は，まさに貧困の連鎖・再生産等の貧困問題に着目した法律であり，「子どもの将来がその生まれ育った環境によって左右されることのない社会」の実現を基本理念に掲げている（2 条）。同法に基づく基本的施策の柱は，社会福祉，就労と教育であり，子ども福祉との関係は深い。

子ども福祉の特徴の一つは，それが「児童」にせよ「子ども」にせよ，対象者の概念が年齢によって画される時間限定の分野であることである。子どもが発達過程にあり，「若者」への移行過程であるという漸進的かつ連続的性格に鑑みるなら，画一的な年齢区分は時として弊害をもたらす。この子どもから成人までの存在としての連続性を重視するなら，「若者」を射程に取り込んだ 2009 年制定の「**子ども・若者育成支援推進法**」は重要である。とりわけ，我が国の戦後における青年政策（youth policy）の脆弱性の間隙を突くように浮上したいわゆるニート，引きこもり等の問題との関係では，子どもと若者を繋ぐ施策が必須である。

以上を通じて浮かび上がるのは，親等の保護者の第一義的責任を前提としながら，子どもの最善の利益を実現すべく少子化対策，若者施策，貧困対策等とも補完し合いながら子ども福祉を推進していくことの重要性であろう。

## 3 子ども福祉の射程 ●●●

　子ども福祉の外延をどこに定めるかは，アプローチに依存する。仮に「子ども法」のような独立した法分野を措定するなら，民法，少年法等も含めることで，児童福祉法と関連の社会福祉立法に止まらぬ広がりを有することになる[2]。仮に実定法としての児童福祉法を中心に子ども福祉を画するにしても，少なくとも母子保健法のように児童福祉法から移管された法律，児童手当等の社会手当関係法，福祉六法に数えられる母子・福祉・寡婦福祉法等が子ども福祉ないしは子ども家庭福祉に包含されると考える。

　問題となるのは少子化対策の位置付けである。社会保障法の枠組み（**総論・保険法第1章図1-3**）を前提としたとき，少子化対策と社会保障が交わる部分が相当程度存在するが，完全には一致しない。例えば消費税引上げに関わる所得税法等の一部を改正する法律（2009年）附則114条において，「制度として確立した……少子化対策」が法的にも社会保障改革の柱に位置付けられるようになった。その後制定された社会保障制度改革推進法（2012年）及び持続可能な社会保障制度の確立を図るための改革の推進に関する法律（社会保障改革プログラム法。2013年）においても，少子化対策は社会保障制度改革に位置付けられている。ただ，社会保障改革プログラム法（3条）が規定するように，少子化対策は「社会保障制度を持続させていくために」必要な「基盤を維持するための」施策であっても，それ自体が社会保障とまでは言っていないと解される。従って，少子化対策は社会保障との共通部分を有するとしても，社会保障の部分集合であるとまでは言えない。もっとも子ども・子育て支援のように，教育と保育を包含するものの合有又は総有のように両者を分割しにくい制度もある。

## 4 子どもの最善の利益 ●●

　子ども福祉の分野の特徴は，対象である未成年の子どもが発達過程にあり，父母の親権に服することである。それゆえ，国民連帯等の連帯に基礎を置く社会保障にあって，子ども福祉は高齢者等の大人と比べても親子間の家族連帯との困難な調整問題に直面する。例えば要保護児童の通告，通告児童に係る一時保護等の措置，児童虐待の発見・介入等の措置の場面で親権との関係が問題となる。その点児童福祉では，保護者等の意に反して措置を採るときには家庭裁

---

(2)　大村敦志・横田光平・久保野恵美子『子ども法』（有斐閣，2015年）

判所の承認を絡ませることなどで措置の強制性と親権等との調整を図っている。

　この種の問題にとって重要なのは，児童権利条約（3条）が掲げる**子どもの最善の利益**の視点である。つまり，行政による権限行使に当たって，様々な要素の考慮と比較考量が必要となるが，その際に最優先されるのが子どもの最善の利益である。現在，民法（820条2項）が，親権者は「子の利益のために」権利を有し義務を負うと規定していることも，子どもの権利の立法への反映である。親の第一義的責任を前提としながら，「児童の最善の利益」を規定している児童権利条約（18条1項）の原則は，児童福祉法（1・2条），子ども・子育て支援法（2条），教育基本法（10条）等に浸透していると言える。

## ● 第2節　児童福祉法 ●

### 1　意　義

　**児童福祉法**の実定法上の意義として，児童を18歳に満たない者と定義する（4条1項）ことにより，児童福祉の年齢対象を画していることがある。その上で，現実的な必要性もあり，施設等に応じて対象年齢を20歳まで又はそれ以上にまで拡大している。

　総合法規として登場した児童福祉法であるが，それと補完・代替関係にある母子保健法，児童手当法，障害者総合支援法，子ども・子育て支援法等が制定された結果，現実にはそれらに吸収されない施策等をカバーすることになっている[3]。とりわけ，要保護児童対策のような権力的要素の強い施策における児童福祉法の役割は大きい。また，児童福祉法は，児童相談所（12条）等の実施機関，児童委員（16条等），国家資格である保育士制度（18-4条）を規定しており，組織法及び資格法の面での根拠法ともなっている。さらには，福祉犯罪に関する禁止規定（34条）のような刑事法も盛り込まれている。

---

[3]　児童虐待については，児童相談所，施設入所等を規定する児童福祉法以外に児童虐待防止法が関係するが，発見の端緒として母子健診等の母子保健も重要である。産前・産後のサポートを担う母子保健法の母子健康包括支援センター（22条）は，子育て世代包括支援センターとよばれ，母子健診等を通じた児童虐待の早期発見の役割も付与されている。これも，児童福祉法と関係法令の相互補完の一例である。

## 2　概　観　●　●　●

　児童福祉法の中核をなすのは，第2章「福祉の保障」に関する施策である（19条以下）。同法が掲げる施策は，以下のとおり，保育以外の障害者福祉等の福祉施策，更に福祉のみならず保健医療施策も包含する総合性を有している。また，各種施策の義務的性格も，一般的な「できる規定」や努力義務から具体的な手続規定等に裏打ちされた法的義務まで多様である。それらの特徴は以下の通りである。

> ① 給付費の支給の場合には，現金給付の現物給付化（法定代理受領）という個人給付方式の一般的な立法技術が採用されていること
> ② 給付費の支給対象となるサービスを提供する事業者等の指定制度が設けられていること
> ③ 医療に係る給付費の場合には，公費負担医療で一般的な保険優先の原則が採用されていること
> ④ 給付費の支給によるサービス利用が著しく困難な場合には，措置権の発動が補完的に用意されていること

### （1）療育の指導，小児慢性特定疾病医療費の支給等

　福祉のみならず医療にも関わる施策として，身体障害児に対する①**療育の指導**，小児慢性特定疾病児童等に対する②**小児慢性特定疾病医療費の支給**，③**小児慢性特定疾病児童等自立支援事業**，④調査研究の推進等が規定されている（19-2条等）。

### （2）居宅生活の支援

　**居宅生活の支援**のうち，障害児の居宅支援に必要な児童，居宅訪問型児童発達支援，医療型児童発達支援（医療に係るものを除く），放課後デイサービス及び保育所等訪問支援について，①障害児通所給付費，②特例障害児通所給付費，③高額障害児通所給付費，④居宅訪問型児童発達支援，⑤肢体不自由児通所医療費の支給の形で必要な費用の支給が規定されている（21-5-2条等）。なお，これらの給付費の場合にも，利用者負担を除いた費用に係る現金給付の現物給付化のための法定代理受領が原則的な方式として採用されている。また，事業者についても，指定制度が設けられている。さらに，障害児通所給付費・特例障害児通所給付費又は障害者総合支援法の介護給付費・特例介護給付費を受け

ることが著しく困難な場合に備え，市町村による**措置**の発動が規定されている。このほか，居宅生活の支援としては，放課後児童健全育成事業，子育て短期支援事業，乳児家庭全戸訪問事業，養育支援訪問事業，地域子育て支援拠点事業，一時預かり事業等が市町村の**子育て支援事業**として規定されている。

### （3）助産施設，母子生活支援施設及び保育所への入所

　福祉事務所設置自治体を通じた①助産施設における助産の実施及び，②母子保護施設における母子保護の実施のほか，③保育所等における保育の実施が規定されている（22条等）。

　このうち**助産**については，従前の保育所と同様に都道府県等の責任の下で公法上の契約による助産施設での助産が行われる。この場合の利用者は低所得者であることから，生活保護法の出産扶助（生保法16条）との関係が問題となる。出産扶助の方は，基本的に居宅分娩による金銭給付であり，現物給付の場合も，助産施設ではなく助産師への委託により行われる（同35条）。

　**保育**に関しては，市町村が保育の実施義務を担うことになっている（24条1項）[4]。また，保育所以外の認定こども園又は家庭的保育事業等については，市町村が必要な保育を確保するための措置を講じることとされ，市町村責任が明確化されている（同条2項）。さらに，待機児童問題に象徴されるように，保育所，認定こども園又は家庭的保育事業等が不足する場合又はそのおそれがある場合に利用調整を行うことになっている（同条3項）[5]。これ以外にも，当該市町村以外の周辺施設による対応等も含め，全体として市町村責任を担保

---

[4]　2012年改正前の児童福祉法について，市立保育所を廃止し民営化する条例制定が利益を侵害する違法な行政処分であるかが問題となった事案において，最高裁判所は，訴えを認容するに当たり，その前提として条例制定が行政処分であるとの判断を示している（最一小判平成21年11月26日民集63巻9号2124頁）。その中で裁判所は，保護者の選択が制度上保障されており，保育の実施期間が満了するまでの間は保育所における保育を受けることを期待し得る法的地位を有しており，条例の制定が当該法的地位を奪う結果になることを理由として挙げている。

[5]　東京高判平成29年1月25日賃社1678号64頁は，認可保育所への入所に関する不承諾処分が市町村の保育義務（児福法24条1項）に違反するとした損害賠償金等の支払請求を認めなかった。その理由として，裁判所は，利用調整規定に着目し，法は定員を上回る需要がある場合に保育所に入所できない児童が生じることを想定していることを挙げている。

するための措置が規定されている[6]。なお，保育所の利用方式は，公法上の契約である私立保育所を除き，施設との利用契約による個人給付方式になっている。ただし，保育の利用を希望する保護者が市町村の支援を受けても利用することが著しく困難な場合には，保育の措置を採ることができる（同条6項）。

　母子の保護及び自立促進のための**母子生活支援施設**については，都道府県等の責任の下で従前の公法上の契約による利用方式が維持されている。

### （4）障害児入所給付費，高額障害児入所給付費及び特定入所障害児食費等給付費並びに障害児入所医療費の支給

　障害児の入所施設等における支援について，施設入所に要する費用に係る①障害児入所給付費，高額な入所費用に係る②高額障害児入所給付費，低所得者に対する③特定入所障害児食費等給付費，施設入所における治療費に係る④障害児入所医療費の支給が規定されている（24-2条等）。これら**障害児入所給付費**等の給付費の場合も，現金給付の現物給付化のための法定代理受領及び入所施設の指定制度が規定されている。なお給付の支給期間は18歳までが原則であるが，福祉を損なうおそれがあると認めるときは20歳まで延長が可能である。

### （5）障害児相談支援給付費及び特例障害児相談支援給付費の支給

　障害児の通所給付に必要な**障害児支援利用計画**の事業者による作成等について，①障害児相談支援給付費及び②特例障害児相談支援給付費の支給が規定されている（24-25条等）。

### （6）要保護児童の保護措置等

　他の福祉立法と比べた場合の児童福祉法の特徴は，少年法や家庭裁判所等も

---

(6) 気管支切開手術によりカニューレを装着した児童の保育所入所申込について，2012年改正前の児童福祉法（24条1項ただし書）が規定していた「やむを得ない事由」に当たるとして行った不承諾処分の取消等を求めた裁判例がある（東京地判平成18年10月25日判時1956号62頁）。裁判所は，当該不承諾処分に裁量権の逸脱・濫用があるとして取り消すとともに，入所承諾を義務付けた。現行法では，「やむを得ない事由」に相当する規定は存在せず，むしろ保育が利用できない場合には，市町村は入所措置を採ることとされている（24条6項）。また，子ども・子育て支援法の市町村子ども・子育て支援事業計画では，障害児に対して行われる保護を規定することになっており（61条3項1号），障害児保育の受入体制を計画に盛り込むことが想定されていると解される。

関係性を持ちながら実施される**要保護児童**対策の存在であり，そこには強制措置を伴う場合がある（25条等）。

　まず，要保護児童発見者に対する福祉事務所，児童相談所等への通告義務が規定されている。当該義務は，罰則付ではない。また，通告が秘密漏示罪等の守秘義務違反に当たらないとの解釈規定も設けられている。

　通告を受けた市町村，福祉事務所，児童相談所又は報告を受けた都道府県は，それぞれの権限に応じて，他機関への送致・報告・通知，指導，施設入所等の措置を採ることになっている。この点では，関係者の連携が重要となることから，地方公共団体による**要保護児童対策地域協議会**の設置が努力義務として規定されている（25-2条）。

　要保護児童に対する対応は，その原因，状況等によって異なってくるが，主なものは以下のとおりである。

① 都道府県に権限が付与されている児童・保護者に対する訓戒・誓約書提出，専門職等による指導，里親・保護受託者委託・児童養護施設入所等（保護者の意に反しない場合の措置），家庭裁判所送致，指定発達支援医療機関への委託等の実施

② 少年法の保護処分に基づく都道府県による児童自立支援施設・児童養護施設への入所措置

③ 児童自立支援施設における強制的措置を必要とする場合の都道府県による家庭裁判所への送致

④ 保護者による児童虐待等の場合に家庭裁判所の承認を得て保護者等の意に反しても実施される都道府県による里親・保護受託者委託・児童養護施設入所等の措置

⑤ 措置が採られるまでの間に緊急保護等の目的で実施される都道府県知事又は児童相談所長による一時保護・一時保護委託等

⑥ 義務教育終了児童等に対する都道府県による児童自立支援事業の実施

⑦ 児童相談所長による児童等の親権・管理権の喪失・停止の宣告及び未成年後見人選任の家庭裁判所への請求等

⑧ 施設職員等による被措置児童等虐待の禁止，虐待の発見者による通告義務及び都道府県による必要な措置の実施

　このうち特に近年問題となっているのは，児童虐待等の場合の強制措置である（28条）。措置による里親・保護受託者委託・児童養護施設入所等が保護者

の意に反しない場合（上記①）はともかくとして，意に反するとき（上記④）
は，措置が原則として保護者の同意を要すること（27条4項）との関係から，
親権等の制限に当たる強制措置の発動を家庭裁判所の承認にかからしめてい
る(7)。同様に，児童相談所長等による一時保護（上記⑤）についても，親権者
等の意に反して2ヶ月を超える場合には，家庭裁判所の承認が必要となってい
る。この点で，親権の行使等に監督的立場を有する家庭裁判所と都道府県との
役割の調整が図られている(8)。さらに，家庭裁判所は，承認の審判に当たり，
措置終了後に指導等の措置を採るべき旨を都道府県に勧告することができる
（28条6項）。さらに，却下の審判であっても，家庭裁判所は，都道府県に保護
者の指導措置を採ることを勧告することができるようになった（同条7項）。

　とはいえ，児童の親権者の親権は残っていることから，児童の福祉が阻害さ
れる場合には，児童相談所長の権能である親権喪失の審判等の請求（上記⑦）
が考えられる（33-7条）(9)。また，家庭裁判所の審判までの時間が発生するが，
その間は一時保護での対応が可能である。なお，家庭裁判所の承認は2年まで
の期限付きであり，児童の福祉の観点からそれを超えて措置が必要な場合には，
家庭裁判所の承認を条件に例外的に更新が認められている（28条2項）。

## （7）禁　止　行　為

　身体障害児を公衆の観覧に供する行為，児童のこじき，軽業，淫行等の行為
を児童の福祉を害する行為として禁止し，罰則によって担保している（34条）。

---

(7)　審判による措置の内容については，児童福祉法27条1項3号の措置の包括的な承認
　　又は児童福祉施設への入所措置の承認の申立があった場合でも，特定の施設への入所措
　　置等に限定して承認する場合がある。例えば，浦和家審平成8年3月22日家月8巻10
　　号168頁は，27条1項3号の措置の申立に対して，里親委託又は養護施設入所のみを承
　　認した。最近では，東京高決平成15年12月26日家月56巻9号35頁が，児童福祉施
　　設入所措置を認めた原審（さいたま家川越支審平成15年10月8日家月56巻9号38
　　頁）の判断を変更し，肢体不自由児施設への入所のみを承認している。
(8)　児童福祉法規研究会編『最新・児童福祉法母子及び寡婦福祉法母子保健法の解説』
　　（時事通信社，1999年）223-224頁
(9)　虐待を理由とする親権喪失を認めた審判としては，長崎家佐世保支審平成12年2月
　　23日家月52巻8号55頁（養女に対する性的・身体的虐待による親権の濫用），名古屋
　　高決平成17年3月25日家月57巻12号87頁（児童の実母及び養父から身体的虐待を
　　受けている可能性がある児童の一時保護及び施設入所措置を行った後も抗議を繰り返す
　　ことに着目した親権の濫用）等がある。

　以上の福祉の保障は，国・地方公共団体のみならず事業者，施設等による事業として実施されることから，児童福祉法は事業，養育里親・養子縁組里親及び施設に係る許認可，指導監督等の規定を設けている（34-3条等）。すなわち，障害児通所支援事業等の事業者，養育里親・養子縁組里親，助産施設等の児童福祉施設及び障害児入所施設の開設者は，事業等の開始等に当たって届出，認可等の手続が必要となる。その点で児童福祉法は，事業規制法としての性格を有していることになる。

　費用負担については，地方への財源移譲の影響もあり，施設等の設置主体や種類によっても異なるが，国が1/2，都道府県が1/4，市町村が1/4を負担するのが基本形である（49-2条以下）。


## ●　●　第3節　子ども・子育て支援法　●　●

### 1　意　義　●　●　●

　2012年の社会保障・税一体改革においては，消費税引上分の投入先として，年金，医療及び介護に加え，制度として確立した少子化対策が前提とされた。この4経費の一つである少子化対策の受け皿となる新法として制定されたのが，**子ども・子育て支援法**であった。その法目的には「子ども及び子どもを養育している者に必要な支援」（1条）を行うことを掲げている。児童福祉法との関係については，児童福祉法等の子どもに関する法律による施策と「相まって」と規定されている（1条）ように，児童福祉法や学校教育法が基礎となっていることが示唆されている。

　少子化対策の関係で問題となるのは，子育てをめぐる親等の保護者と国等との関係，とりわけ子育ての責任の所在である。この点は，介護の社会化を前面に掲げて導入された介護保険と様相を異にする。制定された子ども・子育て支援法では，基本理念として「保護者が子育てについての第一義的責任を有するという基本的認識」（2条）を前提に国等が支援する考え方に立っている。また，子育ちの視点からは，各種給付等が「全ての子どもが健やかに成長するように支援するものであ」ること（2条）を明確化している。

　とは言え，子育てや子育ちが保護者と国等の行政のみの問題とは言えない。ワークライフバランス（両立支援施策）の関係では，次世代育成支援対策推進

法，育児介護休業法等が規定するように雇用環境整備等に関する事業主の役割は大きい。また，教育との関係で学校の重要性は言うまでもない。子ども・子育て支援は，その点では社会保障法の専管領域ではなく，多様なステークホルダーによる重層的な支援が必要な分野であると言える。

## 2　概　観　●　●　●

### （1）他法との関係

　子ども・子育て支援法は，児童福祉法等の子どもに関する法律による施策と「相まって」（1条）子ども・子育て支援を実施する。従って，子ども・子育て支援法によって，児童福祉施設等が児童福祉法の規制の適用から外れるわけではない。この点は，障害者総合支援法が身体障害者福祉法等の法律と「相まって」と規定している（1条）のと類似する。

　ただし，身体障害者福祉法等の措置が障害者総合支援法による給付が著しく困難な例外的状況で発動される点で補完的である（第7章第2節1参照）のに対して，子ども・子育て支援法の給付と児童福祉法の保育の関係は，重畳的な色彩が強い。この点は，保育に関する限り，児童福祉法と子ども・子育て支援法の両法が適用されることに象徴される。

　このように，社会保障法においてはある給付や施設に複数の法律が同時に適用されることは珍しくない。例えば，保険優先による公費負担医療の場合，医療保険各法と公費負担関係法が重畳的に適用される（総論・保険法第7章第4節3(3)参照）。また，介護老人福祉施設（特別養護老人ホーム）は老人福祉法の施設でもあることから，介護保険法の人員・設備・運営基準とともに，老人福祉法の設備・運営基準が適用される（第6章第3節6(1)参照）。

### （2）給　付　法

　子ども・子育て支援法の給付は，①**子どものための現金給付**，②**子どものための教育・保育給付**，③**子育てのための施設等利用給付**から成り，「**子ども・子育て支援給付**」と総称される（8条）。

　この点で同法は，子ども・子育て支援給付を柱とする給付法としての性格が強い。しかも，同給付は現物給付である教育・保育給付のみならず，別途児童手当法によって支給される現金給付を含めている点で，「総合的かつ効率的」な支援という法の基本理念（2条）にも沿った内容となっている。

このことの一端は財源に関する規定に表れており，児童手当の財源の一部となる事業主拠出金の根拠規定は，子ども・子育て支援法に設けられている（69条等）。さらに，拠出金は，児童手当以外に子ども・子育て支援事業及び仕事・子育て両立支援事業にも充当されることになっている。これに対して現物給付の総合性は次の二点に表れる。まず施設型給付費又は特例施設型給付費が保育所のみならず幼稚園及び認定こども園を射程に取り込んでいることである（11条等）。次に家庭的保育，小規模保育，居宅訪問型保育及び事業所内保育を包含する地域型保育事業に対しても，教育・保育給付として地域型保育給付費又は特例地域型保育給付費が支給されることである（11条等）。

## （3）子どものための教育・保育給付

子ども・子育て支援法の給付は，市町村が実施主体となる**子どものための教育・保育給付**が中心となる。この給付は大きく①認定こども園，保育所及び幼稚園を対象とする**施設型給付費**（27条）と②満3歳未満子どもを対象とする地域型保育の事業者による**地域型保育給付費**（29条）の支給に分かれる。さらに，申請から支給認定までの期間の緊急的な利用の場合，保育所（幼稚園）の対象である子どもが幼稚園（保育所）を利用する場合，満3歳以上子どもが地域型保育を利用する場合，離島等で保育所・幼稚園等の確保が困難な場合等の例外的な状況にも給付がなされるよう，①及び②の類型に対応する形で③特例施設型給付費（28条）及び④特例地域型保育給付費（30条）が設けられている。

## （4）給付手続き

子どものための教育・保育給付の特徴は，原則的な給付形態である**個人給付方式**にあり（第3章第2節3⑴参照），同時に行政が関与した**支給認定**等の手続き規定を設けていることにある（19条等）。すなわち，保護者は給付に当たって市町村への支給認定の手続きによって保育必要量等を含めた支給要件該当性の判断を求め，受給資格を確定させる必要がある。その上で支給認定子どもが支給認定の有効期間内に支給認定証を示して教育・保育又は地域型保育を受けたときに，保護者に対してそれぞれの給付費が支給されるのが基本形である。

支給認定は，①満3歳以上小学校就学前子どもで保育を必要としないもの（**1号認定子ども**），②満3歳以上小学校就学前子どもで保育を必要とするもの（**2号認定子ども**），③満3歳未満小学校就学前子どもで保育を必要とするもの

（3号認定子ども）の 3 類型に区分して行われる。このうち満 3 歳以上小学校就学前子どもについては，保育を必要とする 2 号認定子ども以外が 1 号認定子どもに該当することから，保育の必要性の認定の基準が重要となる。この点，子ども・子育て支援法施行規則（1-5 条）では，保育の必要性について①一定時間以上の就労，②妊娠・出産，③保護者の傷病・障害，④同居親族の常時介護・看護，⑤災害復旧，⑥継続的求職活動，⑦就学・職業訓練，⑧児童虐待・DV のおそれ，⑨育休中で既に特定教育・保育施設を利用している子どもがいる場合の必要な継続利用等が事由として規定されている[10]。

　この支給認定を条件として，幼稚園・保育所等の教育・保育施設において，年齢や保育の必要性の有無に応じて区分される教育・保育を受けたときに支給されるのが施設型給付費（緊急時等に支給される特例施設型給付費）である（27 条等）。これに対して，保育を必要とする満 3 歳未満子どもが地域型保育事業を受けたときに支給されるのが地域型保育給付費（緊急時等に支給される特例地域型保育給付費）である（29 条等）。

## （5）法定代理受領方式

　子どものための教育・保育給付は，「給付費の支給」という言葉の通り元来現金給付であるが，これを現物給付化するため，**法定代理受領**により施設・事業者に利用者負担を除いた給付費が市町村から直接支払われることになっている（27 条 5 項等）。この場合，保護者と施設・事業者との関係は原則として契約関係となる。ただし，私立保育所については例外的に市町村との公法上の契約による利用方式が当分の間の措置として維持されており，保育費用も市町村からの教育・保育施設への委託費として支払われる（当初法附則 6 条）[11]。

---

(10)　子ども・子育て支援法施行規則により明確化された育児休業中の保育所の継続利用について，市が利用継続不可決定等（育休退園）を行ったことから，その処分の執行停止を求めた裁判例がある（さいたま地決平成 27 年 9 月 29 日賃社 1648 号 57 頁，さいたま地決平成 27 年 12 月 17 日賃社 1656 号 45 頁，さいたま地決平成 27 年 12 月 17 日賃社 1656 号 55 頁）。いずれの判決も，育休中であっても保育の利用を継続する必要性がないと断ずることはできないとして，訴えの一部を認容し，本案判決から 40 日間の執行停止を認めた。このほか育休退園をめぐっては，執行停止申立ての前段階として，保育所の利用解除処分の仮の差止め申立ても起こされているが，裁判所は，かかる処分の蓋然性が高いとはいえないとして却下している（さいたま地決平成 27 年 7 月 23 日 LEX/DB 文献番号 25540859，さいたま地決平成 27 年 7 月 23 日 LEX/DB 文献番号 25540860）。

　法定代理受領方式の場合，市町村としては，代理受領の対象となる施設・事業者及びその利用定員をあらかじめ把握する必要があり，また，給付費を支給するに値する教育・保育の水準を備えている必要があることから，市町村長による施設・事業者の**確認**制度が設けられている（31条等）。逆に言えば，確認の対象となる施設・事業者については，別途法人法制及び事業法制上の規制が及んでいることになる。例えば，施設型給付の対象である保育所，幼稚園，認定こども園は，それぞれ児童福祉法の児童福祉施設，学校教育法の学校，認定こども園法の幼保連携型認定こども園等であり，それぞれの許認可制度に服する。

　子ども・子育て支援法による確認を受けた教育・保育施設を特定教育・保育施設という。また，地域型保育事業の場合には，確認を受けた事業者を特定地域型保育事業者という。この場合の教育・保育施設としては，認定こども園，幼稚園及び保育所の3施設がある（7条4項）。また，地域型保育事業とは，家庭的保育（保育ママ），小規模保育，居宅訪問型保育及び事業所内保育である（7条5項）。これら施設・事業者には設置・運営等の認可基準等の遵守が義務付けられており，その実効性を担保するため市町村には報告徴収，勧告・命令，確認取消等の権限が付与されている（34条等）。

## （6）利用調整等

　子ども・子育て支援法の下では，私立保育所を除き，利用者と施設・事業者との契約が基本であるが，施設設置者・事業者に対しては，利用者からの利用申込を正当な理由なく拒否することを禁ずる**応諾義務**が課せられている（33条，45条）。また，保護者が適切に教育・保育を利用できるように，市町村は情報提供，相談，助言・あっせん及び施設設置者・事業者への要請を行うことになっている（42条，54条）。

　さらに保育に関しては，当分の間，保育所等が不足する場合だけでなく保育

---

(11)　この場合の利用関係は，保護者と市町村との間で締結された保護者の選択した保育所において保育を実施することを内容とする公法上の契約に基づくものであって，当該保護者が当該保育所において自己の監護する児童の保育の実施を求める権利ないし法的利益を有するものであると解される（千葉地判平成20年7月25日賃社1477号48頁等）。これに対して，市立保育所廃止条例に係る横浜地判平成18年5月22日判タ1262号137頁は，入所申込みに対する不承諾決定や保育の実施解除措置が行政処分として運用されていること等から，保育所の利用関係を直ちに契約関係といい得るかは疑問であると述べている。

を必要とする全ての場合に市町村が**利用調整**を行う（児福法附則73条1項）。この保育に関して一連の手続き過程をまとめると，次のとおりとなる。まず，保護者は保育の必要性の認定を市町村に申請し，要件に合致すれば認定証が交付され，保育利用希望の申込みを行うことになる。この利用希望の申込みは認定の申請と同時に行うことも可能とされる。市町村は，利用希望の申込みを受けて，施設の利用状況等に基づき施設の斡旋，施設への利用要請を行うなどの調整を行うことで，申請者の確実な利用を確保することになっている。

### （7）子育てのための施設等利用給付

　2019年10月から幼児教育の無償化が導入された（30-2条等）。子ども・子育て支援法に移行していない幼稚園，認可外保育施設等については，市町村の確認を受けたこれら施設等を利用する保護者が市町村の認定を受けた場合に，子育てのための施設等利用給付の形で無償化に必要な施設等利用費が支給されている。

　この点を敷衍する。子どものための教育・保育給付の場合には，利用者負担を引き下げること（0～2歳の住民税非課税世帯の子ども及び3～5歳の全ての子どもについて零とすること）により無償化が図られる。これに対して，子どものための教育・保育給付の対象外の施設等については，別途施設等利用費支給のための仕組みが必要となる。このため新設されたのが施設等利用給付である。なお施設等利用給付の場合には，支給について市町村の設定が必要である。

### （8）地域子ども・子育て支援事業等

　子ども・子育て支援には，地域のニーズに応じた様々な取組が求められる。このため子ども・子育て支援給付とは別に，市町村の実情に応じて実施する**地域子ども・子育て支援事業**が設けられている（59条）。事業には，①利用者支援事業，②地域子育て支援拠点事業，③妊婦健康診査，④乳児家庭全戸訪問事業，⑤養育支援訪問事業，⑥子育て短期支援事業，⑦子育て援助活動支援事業（ファミリー・サポート・センター事業），⑧一時預かり事業，⑨延長保育事業，⑩病児保育事業，⑪放課後児童健全育成事業（放課後児童クラブ），⑫実費徴収に係る補足給付を行う事業，⑬多様な事業者の参入促進・能力活用事業がある。

　また，ワークライフバランスの確立の重要性から，仕事・子育て両立支援事業として，政府は，事業所内保育業務を目的とする施設等の設置者に対する助

成及び援助を行う事業を実施することができる（59-2条）。これにより，企業
主導型保育事業，ベビーシッター利用支援事業等が行われることになっている。

## （9）子ども・子育て支援事業計画等

　子ども・子育て支援法では，保護者等のステークホルダーの参画が重視され
ている。このため，国の基本指針，5年を1期とする**市町村子ども・子育て支**
**援事業計画**及び**都道府県子ども・子育て支援事業支援計画**（第4章図4-3）の
策定に当たっても，ステークホルダーからの意見聴取が規定されている。国に
おいては，内閣府の**子ども・子育て会議**が必置であり，市町村及び都道府県に
おいても，利用定員の設定，計画の策定等の関係で審議会等の合議制機関の設
置が努力義務となっている。子ども・子育て支援事業計画等の計画の策定と実
行は，子育てニーズを把握し，計画的に施設整備等を実施するなど，PDCA
を回していく上でも重要な仕組みである。子ども・子育て支援法は，かかる行
政計画を規定していることから，給付法とともに計画法の性格も帯びることに
なる。

## （10）認定こども園

　**認定こども園法**は，小学校就学前の子どもに対する教育・保育と保護者に対
する子育て支援を総合的に提供する（1条）ための法律である。
　この柱となる施設が**認定こども園**であり，①幼保連携型，②幼稚園型，③保
育所型及び④地方裁量型の4類型がある。このうちの幼保連携型認定こども園
は，学校及び児童福祉施設としての教育・保育を提供するための施設として，
国・地方公共団体，学校法人及び社会福祉法人に限って設置が認められている
施設である。学校法人及び社会福祉法人が設置する場合には，学校教育法及び
児童福祉法の個別の認可ではなく，都道府県知事等による単一の認可で設置が
可能である（子園法17条）。これに対して，幼稚園型認定こども園及び保育所
型認定こども園は，それぞれ幼稚園と保育所を前提に保育所機能又は幼稚園機
能が付加される。従って，認定こども園法に基づく都道府県知事等による認定
（同3条）とは別に，学校教育法及び児童福祉法の規制に服することになる。
このほか地方裁量型認定こども園があるが，これは幼稚園でも保育所でもない
認可外の施設ということになる。いずれの類型であっても，認定こども園とし
て子ども・子育て支援法の施設型給付等の対象となる。

## ● ● 第4節 社会手当 ● ● ●

### 1 社会手当の意義 ● ● ●

**社会手当**には社会保険のような保険料拠出は存在しない。その一方で，**所得調査（インカムテスト）**としての所得制限がある場合であっても，公的扶助のような資力調査ではないことから，社会保険と公的扶助の中間類型とも捉えられる。しかし，権利発生の機序に着目する限り，保険料拠出を要件としないことから，社会手当は**社会扶助**の一類型と位置付けられることになる。

しかしながら，児童手当のように事業主拠出が存在する場合には，租税法律主義との関係からしても，個々の被用者ではなく被用者全体として見た場合には拠出と給付の牽連性が維持されているはずである。その限りでは，社会保険と共通の性格も有している[12]。また社会手当は，「手当」という名前のとおり現金給付である。要保障事由という点では，児童手当が児童の養育という支出増，児童扶養手当が生別母子世帯等の所得喪失，特別児童扶養手当が障害児のいる世帯の支出増等と主に関係している。とりわけ，児童扶養手当が死別に対する遺族年金，特別児童扶養手当が障害に対する障害年金（特に20歳前の障害に対する障害基礎年金）といった社会保険制度やその保険事故（**総論・保険法第9章第3節・第4節**）とも近接しており，その点でも社会保険と類似する。

さらに，社会手当の目的という点では，現金給付として所得保障を挙げるこ

---

[12] 労災保険も，事業主拠出のみで労働者を被保険者としないが，社会保険と捉えられている。児童手当の事業主拠出の根拠は，将来の労働力の維持確保という点で事業主に受益性があることに求めることができる（児童手当制度研究会監修『児童手当法の解説』（中央法規，2013年）7頁）。フランスにおいて，労働者の扶養家族数の多寡に起因する賃金に係る事業主負担の差を補償する目的で家族手当が創設されたことに鑑みるなら，事業主拠出及び事業主の受益性の点において，児童手当に社会保険との共通性を見出すことができる。なお，昭和47年版『厚生白書』は，「事業主拠出金は，ひろく社会保障のための拠出金であり，賃金や報酬を賦課標準とすることにおいて，年金や医療保険の社会保険料と共通の性質を有しているが，児童の養育という保険事故になじみにくい恒常的な支出に対処するものであること，個々の被用者のための拠出という給付と拠出の関連がないこと等において，従来の社会保険の事業主負担と異なる面を有している新しい性格の拠出金である」（http://www.mhlw.go.jp/toukei_hakusho/hakusho/kousei/1972/dl/12.pdf）と記述している。

とができるが，同時に児童の健やかな成長や受給者等の福祉の増進といった社
会福祉の側面も存在している。このように社会手当の特徴の何に着目するかに
よって，その性格付けや捉え方が変わってくることになる。

## 2 児童手当法の概観 ● ● ●

　1972 年に導入された**児童手当**は，国際労働機関（ILO）の **102 号条約**（社会
保障の最低基準に関する条約）の「家族給付」や諸外国の家族手当に対応する。
この児童手当は，長くその創設が求められながらも，国民皆保険・皆年金の達
成時期と比べても，遅れて登場した制度である。現在，子ども・子育て支援法
（9条等）により，子どものための現金給付として位置付けられている。

　児童手当は，家族生活の安定という所得保障と児童の健やかな成長という児
童福祉の両方の目的をもつ（1条）。児童手当は，その創設以来変遷を重ねて
きているが，対象年齢の幅と給付水準・所得制限を調整することで限られた財
源の範囲でやりくりをしてきたとも言える。このため，制度発足当初の手当額
3000 円は，老齢福祉年金とほぼ同水準であったにも関わらず，物価スライド
がないことも手伝って年金との水準格差が拡大してきた歴史がある。

　2010 年に子ども手当が導入されたことにより，手当水準及び対象年齢が拡
大した。その後，2012 年から児童手当が復活することになるが，給付設計の
骨格は維持された[13]。この結果，現在，児童手当は，中学校修了までの国内
に住所を有する児童を対象にして，年齢，児童数等に応じた手当として支給さ
れている。この場合の受給資格者は，監護生計要件を満たす父母等のほか，児
童が施設入所している場合には施設設置者等である。なお，児童手当には，年
収ベースによる所得制限がある。

　制度の実施主体は原則として法定受託事務として市町村であるが，公務員の
場合には所属庁が実施する。その場合の財源は国，地方（都道府県，市町村），
事業主拠出金が混ざり合う。その場合，国2/3，地方1/3が基本形である。
ただし，被用者に係る0から3歳未満児の手当であって特例給付（所得制限以
上の場合に当分の間支給される手当）以外のものについては，事業主拠出が7
/15 投入されることから，残りの部分を国 16/45，地方 8 /45 で負担すること

---

(13)　子ども手当の時代も，法的には児童手当法は廃止されず，子ども手当は単年度の特
　　別立法で措置されていた。

になる。また，公務員の場合には所属庁が全額負担する。分かりやすく言えば，特例給付は全額公費負担であるのに対して，3歳未満児に係る被用者への手当のみ事業主拠出金が投入される関係で負担割合が変わってくることになる。

## 3　児童扶養手当法の概観　● ● ●

1962年に導入された**児童扶養手当**は，母子・父子・寡婦福祉法の母子父子寡婦福祉資金貸付金，母子・父子福祉施設等の制度，児童福祉法の母子生活支援施設等の制度等と並んで重要な母子・父子・寡婦福祉政策である。また，経緯的には，旧国民年金法により死別母子世帯に対する母子（福祉）年金との均衡上，保険事故になじまない生別母子世帯等にも生活保障のニーズが存在することから創設された。

このような年金の補完から出発した児童扶養手当であるが，1985年の法改正を経て，現在は母子・父子世帯等の家庭生活の安定という所得保障とともにその自立促進という社会福祉の性格がより強い制度となっている（1条）。

手当の支給対象は，父母の離婚等により父又は母と生計を同じくしない児童を監護する母・父・養育者（祖父母等）である。従って，支給要件の中でも，児童の置かれた状況が重要性を持つことになる。この点，法は，受給者が母の場合に，それぞれ①父母の婚姻解消，②父の死亡，③父の障害，④父の生死不明，⑤政令で定めるこれらに準ずる状態を列挙し，父及び養育者の場合も，これに準ずる規定振りとなっている（4条）[14]。

手当額は，児童の数及び所得によって異なっている。児童が2人以上の場合には，児童1人の金額に人数に応じて加算が行われるほか，所得制限の関係で全額支給ではなく一部支給となることがある。さらに，離別等による生活の激変緩和及び自立促進の趣旨から，母又は父への手当の支給期間が5年（支給事

---

(14)　政令で定める事由としては，現在，遺棄，DV，拘禁，婚姻外懐胎児童等が規定されている（1-2条，2-3条）。かつては婚姻外遺棄児童の場合には父が認知した児童が適用除外となっていたことから，認知に伴う資格喪失処分の取消を求める訴えが提起された。最高裁判所は，政令の委任範囲は，文言はもとより，法の趣旨・目的，一定の類型の児童を法が掲げた趣旨及びそれとの均衡をも考慮して解釈すべきとした上で，対象児童は，類型的にみて父による現実の扶養を期待することができないと考えられる児童と解した上で，認知のみによって婚姻外遺棄児童を対象外とする政令の規定が法の委任の趣旨に反するとの判断をしている（最一小判平成14年1月31日民集56巻1号246頁，最二小判平成14年2月22日民集205号505頁）。

由発生から 7 年) を超える場合には，就業が困難な事情（障害等）がないにもか
かわらず就業意欲が見られないときには，手当の 1 ／ 2 が支給停止される（13-
3 条)。この関係でも，母子父子寡婦福祉資金貸付金，生活困窮者自立支援法
等の社会福祉対策との関係が重要である。

　法定受託事務である制度の実施主体は，都道府県又は市等である。財源は，
国 1 ／ 3 ，都道府県・市等 2 ／ 3 となっている。

　児童扶養手当の要保障事由の一つが離婚にあることから，扶養義務の履行と
の関係が問題となる。この点，母子・父子・寡婦福祉法は，児童を監護しない
親の扶養義務の履行に関する努力義務を規定するとともに，国・地方公共団体
も広報等の適切な措置を講じるよう努めるべきことを規定している（5 条)。
また，民法も，協議離婚の際に子の養育費（監護費用）の分担等の必要事項を
定めるべきことを規定している（766 条)。なお，子に対する養育費については，
その 8 割が児童扶養手当の受給資格者の所得に算入される（9 条 2 項等)。

## 4　特別児童扶養手当法の概観　● ● ● ●

　**特別児童扶養手当**は，1964 年に重度精神薄弱児扶養手当として導入され，
1966 年以降重度身体障害児も含め支給されるようになった障害児に対する社
会手当である。このほか，1986 年には，成人障害者に対して障害基礎年金が
創設されたことから，それまでの成人の福祉手当制度を再編して，重度障害者
について在宅での常時特別の介護費用負担を軽減するための**特別障害者手当**が
創設されている。また，未成年の在宅の重度障害児についても，特別障害者手
当に対応するものとして**障害児福祉手当**が創設されている。

　この結果，特別児童扶養手当法は，障害児・者の福祉の増進を目的（1 条)
として支給される複数の社会手当に関する法律となっている。

　このうち児童扶養手当の支給対象は，精神・身体に障害を有する障害児を監
護する父・母・養育者である。ただし，当該児童が施設に入所した場合には，
監護要件に該当しないので手当は支給されない。

　手当額は，障害の程度である 1 級（重度)・2 級（中度）によって異なってい
るほか，所得制限がある。特別児童扶養手当は，国が支給する手当であり（3
条)，給付費は全額国庫負担になっている。ただし，事務に関しては，支給要
件の認定を法定受託事務として都道府県知事又は政令指定都市市長が行う（5
条）ほか，事務の一部を市町村が行うことができる（38 条)。

# 第9章

## 社会福祉法における新たな規整手法[1]

## ● 第1節 概 観 ●

### 1 社会福祉のパラダイム転換

　社会福祉基礎構造改革，介護保険等を契機として，社会福祉法制における社会保険・個人給付方式の比重が高まっている[2]（第3章第2節参照）。この措置から契約への転換によっても，社会福祉事業の主たる担い手として位置付けられた（社福法24条1項）社会福祉法人のサービス提供面での重要性は変わらないものの，施設等の指定制度を通じて，株式会社等の多様な主体の参入が進んだ。その結果，事業者間の競争関係の中で，利用者本位の質の高いサービス提供が事業者には一層求められることになった。これを利用者の側からみると，与えられる福祉から選択する福祉への転換とも言うべきパラダイム転換が進むことになった。すなわち，多様なサービスからの選択を主体的に行う利用者像を担保・実現するためには，意思決定支援等によるエンパワーメントが重要となる。

　このような流れは，措置制度を典型とする公私二元論及び官民二元論，その帰結として公を官が担い私を民に委ねるという社会福祉の伝統的パラダイムに収まりきらない状況を生じさせた。すなわち，公と私，官と民というパラダイ

---

(1)　本章は，JSPS 科研費 JP16H07240 及び JSPS 科研費 18G07 の助成を受けたものの一部である。

(2)　契約化に関しては，介護保険契約等を論じた品田充儀「福祉サービスの利用方式」日本社会保障法学会編『講座社会保障法第3巻 社会福祉サービス法』（法律文化社，2001年）54頁

図 9-1　位相・分野と当事者の関係

| 当事者 ＼ 位相・分野 | 公 | 社会 | 私 |
|---|---|---|---|
| 官 | 措置制度 ↓委託 | 社会保険（介護保険） | |
| 社会的パートナー | 社会福祉法人 | NPO，住民組織等 | |
| 民間 | | | 株式会社 |

（出典）筆者作成

ムに「**社会**（social）」や中間団体としての「社会的パートナー」が入ることで，社会福祉の当事者関係を豊かなものにすることになった（図 9-1）。

　こうした多様化の背後で，虐待，貧困ビジネス，不当条項等の権利侵害等の不適切事案が発生しているのも事実である。それだけに，サービスの質の確保，利用者の権利保障のための仕組みが重要となる[3]。すなわち，権利擁護，内部・外部評価，意思決定支援等の利用者支援，苦情解決制度（第三者委員），運営適正化委員会等である。

　本章では，これまで法律や制度に即して述べてきた社会福祉に需給調整，利用者権利保障という別の視点から検討を加えることにする。

## 2　新たな規整手法の登場 ● ◦ ◦

ところで，伝統的な社会福祉法制には，

① 社会福祉法人等の主体に関する「法人法制」

② 施設の開設認可等の規制に関する「許認可法制」（事業法制）

③ 措置制度，措置費等の財源に関する「財政法制」

が三位一体になって構築・展開されてきた歴史がある。言わば，行政やサービス提供側の論理に立った法制度（典型が反射的利益論）である。それだけに，利用者はサービスの客体に止まり，主体としての利用者側の視点が弱かった嫌いがある。

　しかも，許認可や指導監督に代表される事業法制が厳格な規定を置くにもかかわらず，現実には補助金等の不正事案が見られるなど規制が現実に追いつか

---

[3]　苦情解決に関しては，菊池馨実『社会保障法制の将来構想』（有斐閣，2010 年）277 頁以下の「社会福祉における苦情解決・オンブズマンの意義」，権利擁護に関しては，秋元美世・平田厚『社会福祉と権利擁護』（有斐閣，2015 年）等を参照されたい。

図9-2　社会福祉法人関係の適法性・適正性確保手段

| 内部・外部 | | 名称 | 実施主体 | 義務性（強制力） |
|---|---|---|---|---|
| 内部統制 | | 理事会 | 理事 | 義務 |
| | | 監事監査 | 監事 | 義務 |
| | | 評議員会 | 評議員 | 義務 |
| 外部統制 | 行政以外 | 会計監査人監査 | 監査法人・公認会計士 | （特定社会福祉法人）義務 |
| | | 第三者評価 | 評価機関 | 任意<br>＊介護等の場合は義務 |
| | | 認証（ISO9001等） | 認証機関 | 任意 |
| | 行政 | 法人監査 | 国，都道府県，市 | 義務 |
| | | 施設監査 | 都道府県，市町村 | 義務 |
| | | 社会保険指導監査 | 指定権者等 | 義務 |

（出典）筆者作成

　ない面がある。むしろ，社会保険等の個人給付化の流れの中で，指定取消等の財政法制の仕組みが不正の抑止力として機能することは，介護保険のみならず，保険医療機関等の指定取消や診療報酬の返還等を背景にした医療保険の指導監査（総論・保険法第8章第2節3(2)・4(3)）の運用実態を見ても首肯できよう。

　そうした中で，近年になり，利用者の権利という視点から注目すべき権利擁護，利用者支援，外部評価等を重視する動きが登場してきている。確かに，社会福祉法1条（目的）も「福祉サービス利用者の利益の保護」を掲げている。また，2015年の「社会福祉法等の一部を改正する法律」では，社会福祉法人の内部統制（ガバナンス）強化やそのための経営組織の見直しとして，

　　・評議員会の議決機関化・必置義務化
　　・社会福祉法人による社会福祉充実計画の作成に当たっての住民等関係者からの意見聴取の義務付け

等が盛り込まれている。そこで，現行法に規定されているサービスの適法性・適正性，更に質を確保するための制度を整理すると，図9-2のとおりとなる。

　さらに，事業者の参入に関しては，総量規制や公募方式のように従来にない手法も導入されている。その一方で，事業法制に設けられた提供主体に関する

規制（主体規制）により，社会福祉施設等の事業者が社会福祉法人等に限定される場合があることから，参入問題がより顕在化しやすくなっている。とはいえ，主体規制は，施設等の最低基準及び運営基準等の遵守の義務付けといった行為規制と相まって，指導監督を肥大化させず社会福祉事業の質を確保するには適した制度とも言える。つまり，伝統的な許認可制度の下では，法人認可と法人監査，施設認可と施設監査，更に社会保険の指定等と指導監査の三重構造によって適法性及び適正性を確保してきたことになる。

　しかしながら，

① 新たな手法を伝統的な許認可法制に組み入れる場合の手法，法的効果等については，（木に竹を接ぐことにならないよう）更に検討を要するほか，

② 相互の関係も含めた体系化も課題である（つまり，総合性・体系性の欠如）。

　具体例を挙げるなら，

・法人監査は一般に 2 年に 1 回となっているが，第三者評価の受審，ISO 認証の取得等を要件に所轄庁が頻度を 4 年に 1 回に緩和することが可能であったり，

・措置費・運営費に係る弾力通知により，第三者評価の受審・公表が弾力運用の要件となることで，第三者評価のような新たな制度が伝統的規制に接合する事態が発生する。

　それだけに，行政・事業者・利用者の三者関係の中でいかなる関係が成立し，利用者の権利がいかに保護されるのかについては，更に検討を要する（図 9-3）[4]。とりわけ，サービス利用における自由権の積極的保障（自由権の社会権的側面）も含め，利用者の処遇過程における権利がいかに実現されるかが重要である[5]。

　さらに，規制面に目を向けるなら，伝統的な許認可や指導監督等の規制法制に収まらない仕組み等が増えている。例えば，法人法制におけるガバナンスの強化，規制法制の中での自己評価・第三者評価のように，法人・事業者に対して，より自律的な管理・運営や改善を求め，それを指導監督等以外の手法で担保していこうとする動きである。換言するなら，良質なサービスの前提として

---

(4)　高齢者福祉サービスの利用関係に焦点を当てた論考としては，嵩さやか「フランスにおける社会福祉サービスと契約への規制」岩村正彦編『福祉サービス契約の法的研究』（信山社，2007 年）145-205 頁がある。本書は，社会事業全体における施設等の運営と利用者の権利の関係に特に焦点を当てる。

(5)　河野正輝『社会福祉の権利構造』（有斐閣，1991 年）124-127 頁，279-281 頁

図9-3 利用者の権利に関連する規定

| | | 社会福祉法 | 介護保険法 | 障害者総合支援法 | 児童福祉法 | 子ども・子育て支援法 |
|---|---|---|---|---|---|---|
| 利用者の権利 | 情報提供 | ○<br>∮75 経営者の情報提供 | ○<br>∮115-35 介護サービス情報公表 | | | |
| | 利用契約申込時の説明 | ○<br>∮76 経営者による説明 | | | | |
| | 利用契約成立時の書面交付 | ○<br>∮77 経営者によるサービス内容等の書面交付 | | | | |
| | 誇大広告禁止 | ○<br>∮79 経営者 | | | | |
| | 業務管理体制（人格尊重等） | | ○<br>∮115-32 ① | ○<br>∮42 ③・∮51-2 ① サービス事業者・施設 | ○<br>∮21-5-17 ③ 障害児事業者,∮24-11 ③ 障害児入所施設等,∮24-30 ③ 障害児相談支援事業者 | ○<br>∮33 ⑥教育・保育施設,∮45 ⑥地域型保育事業者 |
| | サービス・施設等の基準（秘密保持） | ○<br>∮65 ②施設 | | ○<br>∮43 サービス事業者,∮44③ 施設 | ○<br>∮21-5-18 ③ 障害児事業者,∮24-12 障害児入所施設等,∮34-16 ②家庭的保育事業等,∮45 ②児童福祉施設 | ○<br>∮34 ①保育所,認定こども園等,∮46 ③地域型保育事業者 |

| 利用者の権利 | 質の評価 | ○ §78①経営者 | ○ §73居宅,§87①特養,§96①老健,§115-13①地域密着型介護予防 | ○ §42②サービス事業者・施設 | ○ §21-5-17②障害児事業者,§24-11②障害児入所施設等,§24-30②障害児相談支援事業者 | ○ §33⑤教育・保育施設,§45⑤地域型保育事業者 |
|---|---|---|---|---|---|---|
| | 利用者支援 | ○ §80〜福祉サービス利用援助事業 | | | | |

(注) §は条を，丸囲み数字は項を意味する。
(出典) 筆者作成

外形的にガバナンス体制が確立していることを求めるといった形で，実際の
サービスにかかわらず規制行政の限界を新たな規整手法で乗り切ろうとするパ
ラダイム・シフトである。特に人口減少により規制行政のための十分なマンパ
ワーが確保できる保証がないこれからの時代において，このような視点は重要
である。

　そこで以下では，総量規制に代表されるような，従来の事業規制法としての
許認可以外の規整手法について，少し踏み込んで考察を加える。その上で，も
う一つの流れである利用者の権利保障に関連する制度等をみることにする。


## ● ● ● 第2節　需給調整に関する規整 ● ● ●

### 1　規整の動向 ● ● ●

　介護保険は，多様な主体の参入による自由な競争によるサービスの拡大及び
質の向上を目指して創設された。また，同時期に実施された社会福祉基礎構造
改革により，社会福祉の利用関係の趨勢が「**措置から契約へ**」転換し，制度の
個人給付化が進行した（第1章第1節，第3章第2節参照）。

　措置制度の下での社会福祉は，手厚い公費助成の見返りに厳しい規制に服す

る社会福祉法人と，公費助成は不十分ながら規制の弱い無認可施設等が同一制度内に併存するという跛行的制度体系であった。個人給付化，その結果であるサービスの拡大は，伝統的パラダイムが元々内包していたイコールフッティング問題を民間参入という形で顕在化させた。比喩的に言えば，満たされないニーズが存在する中で片方の蛇口を閉めれば，別の蛇口からの供給により需要を充足せざるを得ないことになる。しかも，社会福祉法人等の伝統的供給主体については，許認可と指導監督を中心とする規制によっては，増大するサービス需要に十分対応できず，社会福祉法人改革に繋がる法人法制の問題をも露呈することになった。

　折しも介護保険については，給付費の継続的増大の中で，拡大路線ではなく，むしろその抑制が課題となるようになってきた方向転換の時期とも重なる。そうした状況で登場したのが総量規制や公募指定であり，自由な参入の前提であった施設等の指定制度とは異なり，総量規制による量的な面からの抑制，公募指定による指定外の事業者の参入抑制が制度化されることになった。

　ただ，現行の社会福祉法制でも，老人福祉計画，障害福祉計画など，それぞれの分野において国・都道府県・市町村の計画法制が存在していた。このことは，計画による施設整備にみられるように社会福祉法制が需給調整的発想を有していたことの証でもある。ところが，計画自体は閣議決定されること等により行政を拘束することがあるものの，管見によればそれが許認可要件等を媒介にして間接的に作用する場合はあるとしても，そのことは直接的に国民，事業者等に対して法的効力を有することにはならない。この計画法制と規制法制をいかに関連付け，法的にも適切な需給調整の仕組みを構築するかが，その可能性や是非も含め重要となっている。

## 2　新たな規整の登場　● ● ·

### （1）総量規制等

　需給調整に関する新たな規整手法としていかなるものが存在するか。まず**総量規制**を概観する[6]。

　介護保険法又は老人福祉法により，介護保険事業計画等（介保法117条，118

---

(6)　総量規制等の規制の詳細については，拙稿「社会福祉の需給調整における規整手法の考察」福祉社会開発研究10号（2018年）19頁

条。第 4 章図 4 - 3）の定員数の超過等の場合に都道府県知事又は市町村長は事業者の指定等を拒否できることになっている[7]。2006 年の制度改正により，総量規制の対象が新たに制度化された地域密着型サービス，特定施設に拡大されるなどした結果，現在，以下がその対象となっている。

・介護老人福祉施設としての特別養護老人ホーム（老福法 15 条 6 項）
・介護専用型特定施設（介保法 70 条 4 項）
・混合型特定施設入居者介護（介保法 70 条 5 項）
・定期巡回・随時対応型訪問介護看護等（介保法 70 条 10・11 項）［市町村との協議による指定拒否］[8]
・認知症対応型共同生活介護・地域密着型特定施設入居者生活介護・地域密着型介護老人福祉施設入所者生活介護（介保法 78-2 条 6 項 4 号）
・介護老人保健施設（介保法 94 条 5 項）

　供給量の調整という点で総量規制に類似した仕組みが，児童福祉法（34-15条，35 条）及び認定こども園法（17 条）の家庭的保育事業等，保育所及び幼保連携型認定こども園の認可制度にも存在している。すなわち，認可権者は，事業者が認可要件に適合する場合には，原則として認可しなければならないが，子ども・子育て支援事業（支援）計画上の必要利用定員数を超えるとき等には，認可しないことができる。これは，待機児童対策のため認可に当たっての裁量を制限するための規定であるが，過剰供給となる場合には認可しない余地を認可権者に残していることになる。

　児童福祉法及び障害者総合支援法が規定する障害者分野でも，同様の仕組みが存在している。例えば障害児入所施設の場合であれば，都道府県障害児福祉

---

(7)　参入規制による需給調整である総量規制が是認されるのは，それが「保険者が地域の高齢者のニーズを踏まえて施設・居住系サービスの基盤を一体的かつ計画的に整備するため」（平成 22 年 11 月 30 日社会保障審議会介護保険部会「介護保険制度の見直しに関する意見」）に必要な制度であるためと考えられる。ただし，かかる需給調整は，保険医療機関の指定拒否処分に関する健康保険法の規定の営業の自由に関する憲法 22 条との関係と類似の問題を孕んでおり（第 6 章第 3 節 6(2)，本章第 2 節 3 参照），「公共の福祉に適合する目的のために行われる必要かつ合理的な措置ということが」（最一小判平成 17 年 9 月 8 日判時 1920 号 29 頁）求められるはずである。
(8)　2017 年の介護保険法改正により，市町村による指定拒否の対象として地域密着型通所介護サービスが追加されたほか，市町村協議制が指定拒否対象サービス以外の居宅介護サービスにも導入されることになった。

計画（第4章図4-3）との関係で過剰供給であれば指定しないことができる（児福法24-9条2項）。また，省令で規定する一定の障害者福祉サービス事業者及び障害支援施設についても，都道府県障害者福祉計画との関係で過剰供給であれば，事業者又は施設の指定をしないことができる（障支法36条5項，38条）。

　これらの総量規制等は，飽和状態にある介護，保育，障害等のサービスの増大に対する抑制という点で**需給調整**（第6章第3節6⑵）の仕組みと言える。

## （2）公募指定

　地域密着型サービスである定期巡回・随時対応型訪問介護看護等を対象とする**公募指定**は，2011年の改正で導入された制度である。これにより，市町村長は，サービス「見込量の確保及び質の向上のために特に必要があると認めるとき」（介保法78-13条1項）に対象となる期間，区域及び事業所を限って指定を公募で行うことができる[9]。この公募指定は，総量規制と異なり，必要なサービス量の確保等が主目的となるが，指定されなかった事業者の参入が制限されることから，需給調整機能を有している。

　なお公募指定のような仕組みには，社会福祉に限定されない広がりがある。例えば公共サービス改革の分野では，「**公共サービス基本法**」（平成21年法律40号）は，社会経済情勢の変化に伴い多様化する国民の需要に的確に対応すること，公共サービスを委託した場合の役割分担及び責任の明確化を謳っている。また，「競争の導入による公共サービスの改革に関する法律」（平成18年法律51号）は，**市場化テスト**による官民競争入札及び民間競争入札を規定している。このほか，民間の資金・経営能力・技術力を活用した公共施設等の建設・維持管理・運営等の手法である**PFI**（プライベート・ファイナンス・イニシアティブ）も含めて考えると，多様な民間参入制度が存在している。

## （3）公私連携型保育所等

　保育の受け皿整備の手法の一つとして，公設民営（第2章図2-4）がある。これに対して，子ども・子育て新制度で導入された公私連携幼保連携型認定こ

---

(9)　地域密着型サービスの「普及のためには，事業者が日常生活圏域内で一体的にサービスを提供し，移動コストの縮減や圏域内での利用者の確実な確保を図ることが必要」（社会保障審議会介護保険部会第57回（平成28年4月22日）参考資料2）であることから設けられた制度である。

ども園，公私連携保育所型認定こども園及び公私連携型保育所については，**公私連携法人**を指定した上で，当該法人と市町村が協定を締結する仕組みが用意されている（児福法 56-8 条，子園法 34 条）(10)。その点では，公的関与を前提とした民設民営である。

　この公私連携法人に対しては，公有設備の無償・廉価での貸付・譲渡が可能であるほか，都道府県知事等の認可に代わり，市町村経由の都道府県知事等への届出で施設の設置が可能となるなどの特例が設けられている。この仕組みは需給調整自体を目的とするものではないが，待機児童が存在する中で，民間参入による保育所整備を促進する効果を有すると言える。

### （4）指定管理者等

　地方公共団体が社会福祉に係る事務事業を外部に委託する場合があり，それが随意契約であれば地方自治法施行令（167-2 条 1 項 1 号）を拠り所として実施されることになる(11)。実際，ホームヘルパー派遣等で民間委託が活用されている(12)。

　これに対して地方公共団体が社会福祉施設を設置する場合には，地方自治法（244 条等）の公の施設としての規制（差別的取扱いの禁止，条例設置等）に服する。地方自治法の制度の一つが公の施設の施設管理に係る**指定管理者制度**（自治法 244 条の 2。第 2 章図 2-5）である。同制度の指定は行政のイニシアティブにより実施され，これによって法人その他の団体による管理の代行が可能となる(13)。この結果，指定管理者制度は社会福祉分野の施設管理でも活用され

---

(10)　公立学校の包括的民間委託は認められていないことから，公私連携幼保連携型認定こども園は，社会福祉法人及び学校法人に限定されている。

(11)　委託は一般に民法上の（準）委任又は請負と解される。地方自治法上は，歳入の徴収又は収納の委託（地自法施行令 158 条），支出事務の委託（同 165-3 条），他の普通地方公共団体に対する事務の委託（地自法 252-14 条），監督又は検査事務の委託（地自法施行令 167-15 条 4 項）を規定する。

(12)　総務省「地方行政サービス改革の取組状況等に関する調査」（平成 28 年 3 月 25 日）の民間委託（事務事業）の実施状況によれば，ホームヘルパー派遣で指定都市の 100%，市区町村の 98.9% が委託を実施しており，在宅配食サービスで指定都市の 100%，市区町村の 99.9% が委託を実施している。このほか随意契約という点では，ハート購入制度による障害者雇用企業等からの物品調達がある（地自法施行令 167-2 条 1 項 2 号）。

(13)　指定という行為自体は契約とは解されておらず，応募した者が指定されないことが

ている(14)。とりわけ特別養護老人ホームに係る指定管理者については，株式会社が指定管理者になることも排除していない。確かに，同制度は，地方分権に加え規制改革の一環として導入された経緯もあり，それまで存在していた管理委託制度と異なり，株式会社も含めた民間事業者の参入に対して促進効果があると言える。ただ制度自体は，サービスに関する需給調整を目的としたものではない。

## 3　福祉における需給調整に関する問題　● ●

　公費財源で賄われ公益性の高い社会福祉分野における需給関係は，公的統制の下で過不足を招きやすいなどの問題を惹起する。この準市場に由来する問題を回避するため，措置制度時代には，措置費の範囲でしか施設認可を行わず，施設認可見込みのない法人を認可しないという調整が行われていた。言ってみれば，法人認可，施設認可及び措置費が一体となった運用によって，少なくとも見た目には需給が均衡する体制が構築されていた。

　現在，社会福祉法制が個人給付化しつつある中で，需給調整の観点から言えば，措置制度時代とは異なるものの，様々な制度が併存している現状がある。しかも，特養や保育所の待機に象徴されるように，需要が充足されなければ待機の形で問題が発生するなど，需給調整に関する限り，制度として完全ではない(15)。また，社会保険制度の場合には，サービスアクセス等を制限しない限りは，過剰需要を誘発する可能性がある。このことに照らしても，需給関係という観点は，社会福祉法制にとって重要である。

---

　　処分になる（申請の拒否）として行政不服審査法による不服申立てをすることは一般的にはできないと解されている（松本英昭『新版逐条地方自治法〈第8次改訂版〉』（学陽書房，2015年）1067頁）。

(14)　総務省「地方行政サービス改革の取組状況等に関する調査」（平成28年3月25日）の民間委託（事務事業）の実施状況によれば，特別養護老人ホームでは，都道府県の66.7%，指定都市の89.3%，市区町村の68.5%が指定管理者を導入しているほか，介護支援センターでは，都道府県の100%，指定都市の100%，市区町村の48.8%が指定管理者を導入し，児童クラブ，学童館等では，都道府県の85.7%，指定都市の71.3%，市区町村の22.5%が指定管理者を導入している。

(15)　子ども・子育て新制度では，認可要件に合致すれば認可しなければならないと規定することにより，認可権者の裁量を制約し，待機児童問題の解消につながる見直しを行っている。ここにも，需給調整の発想が存在している。

　法的にみると，需給調整は，医療保険の保険医療機関の指定拒否処分に関して訴訟が起きたことに照らしても，職業選択の自由（営業の自由）という憲法（22 条）上の論点を惹起する[16]。従って，様々な制度が需給のミスマッチの防止や調整弁として作用することで需給調整に関わってくるが，そこには営業の自由との関係も含めた法的な問題が存在しており，法的な吟味も必要となる[17]。

　その点，フランスの**企画公募**（AAP）制度が示唆を与えてくれる。これは，EU の**サービス指令**（2006/123/EC）により，国内のサービス市場への自由なアクセスの保障が規定されたことに伴う国内対応措置である。具体的には，それまでの社会福祉施設等の許認可制度を残しつつ，必要な社会福祉サービスを確保するための公共調達類似の入札（企画公募）を行い，それによって選定された事業者に認可を付与する仕組みである。この結果，施設整備等が地域のニーズを反映した計画を実現するための企画公募によって実施されることになり，社会福祉を公益実現のためのサービスとして位置付けることで，サービス指令の適用除外を実現した。視点を変えると，企画公募には施設設置のパラダイム転換という側面があり，施設設置に関するイニシアティブが設置者等から公権力に移ることになったと捉えられる。

　翻ると，我が国の社会福祉法制は，社会保険及び個人給付方式が主流となることにより，措置制度のような形での需給調整機能が制度から欠落する中で，需給の不均衡が発生した。そのような状況を是正するため，総量規制，公募指定等の需給調整機能を有する仕組みが登場してきていると考えられる。つまり，

---

(16)　基準病床制度による病床許可制度に結び付く形で，病床過剰地域において健康保険法の保険医療機関の不指定制度（平成 10 年改正）による指定拒否の違法性が問題となる。この点について，最一小判平成 17 年 9 月 8 日判時 1920 号 29 頁は，「公共の福祉に適合する目的のために行われる必要かつ合理的な措置ということができるのであって，これをもって職業の自由に対する不当な制約であるということはできない」と判示している。かかる営業の自由に対する制限については，薬事法距離制限違憲判決（最大判昭和 50 年 4 月 30 日民集 29 巻 4 号 572 頁）が「全体としてその必要性と合理性を肯定しうるにはなお遠いものであり，この点に関する立法府の判断は，その合理的裁量の範囲を超えるものであるといわなければならない」と述べるように，規制の必要性と合理性を裏付ける立法事実が必要となる。

(17)　総量規制等による営業の自由の問題については，拙稿「福祉・医療サービスにおける経営主体に関する考察」福祉社会開発研究 12 号（2020 年）15 頁

措置制度であれば，責任主体である地方公共団体等が必要なサービスを計画的に整備することで自ら需給調整を行えたのに対して，社会保険及び個人給付方式の下では，事業者の指定制度を通じて需給調整を行わざるを得ないことになる。その限りでは，医療保険の保険医療機関等の指定制度（**総論・保険法第8章第2節3⑵**）に近付くことになる。

## ● ● 第3節　利用者の権利保障 ● ● ●

### 1　権利保障の意義 ● ●

#### （1）理　念

　権利保障の根底にあるのは，**人権**である。この点を明確に打ち出すのが障害者基本法である。同法は「障害の有無にかかわらず，等しく基本的人権を享有するかけがいのない個人」（1条）との認識を前提に，医療，介護等について「その人の人権を十分に尊重しなければならない」（14条5項）等と規定する。また，高齢社会対策基本法も，対策の前提となる基本理念として「健やかで充実した生活を営むこと」（2条）を掲げている。子ども関係では，少子化社会対策基本法が，「子どもがひとしく心身ともに健やかに育つことができる」（2条3項）ことを基本理念に位置付ける。

　このように各基本法の表現は異なるものの，社会福祉の根底に存在するのは自由権や社会権のような人権である。そして，社会福祉における人権の享有主体は利用者であることから，基本的人権の保障は実定法に裏付けられた利用者の権利保障を通じて実現していくことになる。

#### （2）制度の概観

　社会福祉は，情報の非対称性等から，合理的な経済人により展開される自由市場，つまり市場原理に完全に委ねることが困難な分野（**準市場**）である（第2章第2節2⑴参照）。もちろん，社会福祉サービスにも，民法の契約法及び消費者契約法が適用され，それら契約法上の保護が及ぶことになる[18]。

　さらに，福祉各法を通じた行政による指導監督等も間接的に利用者保護に繋

---

[18]　契約の視点からの福祉サービスの検討としては，岩村編・前掲注⑷がある。

がる。しかし，サービスとしての社会福祉の場合には，その無形性から消滅性，同時性，継続性等の特徴を併せて有しているため，許認可等に伴うアドホック又はアポステオリな指導監督等の行政警察的な手法が必ずしも有効でないことになる。このことは，物の製造・販売等であれば立入検査，報告徴収等により適法性の確認がしやすいのに対して，サービスで完璧を目指そうとすれば定期的な指導監督では不十分であり，四六時中監視する必要が出てくることからも理解できよう。逆に言えば，サービス提供主体の内部統制なしには良質なサービスの提供は困難である。この社会福祉の特徴は利用者の権利を保障する上でも認識する必要がある。近年になって制度が整備された児童，障害者及び高齢者の虐待防止法制も，こうした社会福祉サービスの特徴の反映でもある。

　このほかサービスの質の保障及び管理という点では，措置制度の施設等の最低基準，その流れをくむ社会保険方式及び個人給付方式の下での運営基準の遵守が施設等に義務付けられている。ただし，基準違反は改善命令，認可・指定等の取消等の行政措置に繋がることから，基準以上の水準を目指すための仕組みというよりミニマムの確保が中心となる。これに対してサービスの質の向上を目指そうとするときには，行政警察的手法が限界に直面することになる。ILO条約に例えるなら，最低基準（102号条約）に対する上位基準（121号・128号・130号条約）を検討する必要がある。このことの重要性は，介護保険導入時に唱えられた「選択される福祉」，社会福祉基礎構造改革の前述した「措置から契約へ」といったキャッチフレーズは，その根底に質の保障及び向上がなければ，単なる方式の変更に止まったであろうことからも首肯できよう。実際，「利用者の利益の保護」（1条）を目的とする社会福祉法でも，サービスの質の向上（78条）等によるサービスの適切な利用は，法体系上の柱となっている。

　しかしながら，利用者の権利保障は，サービス提供側のみならず，そもそもの権利主体である利用者のエンパワーメント等のように利用者を伴走・支援する制度抜きには「与えられる福祉」に陥る可能性がある。その点では，利用者の権利擁護，成年後見等が重要となってくる。

　以上を結論的に言えば，重層的な権利保障の装置をサービス提供の多様な場面に用意しておくことが肝要と言える。

## （3）権利保障の体系

　利用者の権利保障は，様々な位相で捉えることができる。

図9-4　質の評価の仕組み

| 主体 | ミニマム<br>（最低基準・運営基準等） | オプティマム<br>（質の向上） |
|---|---|---|
| 内部（第一者） | 自己評価（第一者認証） | |
| 利用者（第二者） | 利用者評価（第二者認証） | |
| 外部（第三者） | 指導監督 | 第三者評価（第三者認証） |

（出典）筆者作成

　まず，サービスの水準とその保障という点では，ミニマム（最低）保障とオプティマム（最適）保障がある。このうちミニマム保障の観点からの権利保障としては，最低基準及び運営基準等に規定されたサービス利用開始及びそのプロセスに関する規制が存在する。

　これに対して，ミニマムのみならず質の向上としてのオプティマムを目指す観点からの権利保障を類型化するなら，以下が柱となる。

①　**評価**制度

②　**権利擁護**制度

③　**虐待防止**制度

　このうちの評価制度にはその主体により第一者，第二者及び第三者の区分があり，それぞれ**自己評価**，**利用者評価**，**第三者評価**に分かれる（図9-4）。

　次の権利擁護制度には，①社会福祉法の枠内での**日常生活自立支援事業**と②司法の枠内での**成年後見**制度が存在する。そして，虐待防止に関しては，児童虐待防止法，障害者虐待防止法，高齢者虐待防止法のほか，配偶者暴力防止法が存在する。

　以上の権利に関する位相以外にも，連続性を有するサービスの特質からは，サービス提供過程（プロセス）におけるサービスの質，内容等に関わる権利が考えられる[19]。具体的には，最低基準等が規定する情報提供・説明義務，身体拘束の禁止，プライバシーの尊重，苦情処理対応等に関わる規定が該当する。ところが，ミニマムを超えオプティマムに関わる権利保障は，措置制度の場合は格別，契約方式の場合には，契約関係の中でサービス提供者の義務となるこ

---

(19)　河野・前掲注(5) 117-130 頁の社会福祉権の複合的構造の分類に即して言えば，①福祉サービス請求権，②処遇過程の権利，③免除権のうち②に相当する諸権利ということになる。

とにより形成される。そのため，ISO 認証，第三者評価等にみられる**プロセスアプローチ**がとりわけ重要となってくる。

## 2　最低基準等 ● ● ●

**最低基準**及び運営基準（以下「最低基準等」という）の遵守は委託，指定等に伴う公法上の義務であるが，同時に利用者にも基準に合致したサービスの提供を請求する権利を付与すると解する余地がある[20]。すなわち，元来公法上の義務である最低基準等が場合により契約上の義務にもなることを意味する。

サービス提供に当たっては，利用者の意思及び人格の尊重，その者の立場に立つことが重要であり，そのことが最低基準等の基本方針と言える（例えば介護保険法の各種施設等の運営基準）。その上で，利用者の権利保障に係る最低基準等に由来する義務として，制度による違いはあるが，例えば利用者への重要事項説明書の説明及び同意，正当な理由のないサービス提供拒否，苦情対応，身体拘束禁止，秘密保持等が規定されている。

このうち苦情対応に関しては，社会福祉法も社会福祉事業経営者自らによる**苦情解決**（82 条），都道府県社会福祉協議会に設置される**運営適正化委員会**による苦情解決のための調査，斡旋等（83 等）を規定している。ただし，運営適正化委員会には強制権限はないことから，都道府県知事への通知（86 条）を媒介として，最後は都道府県知事の指導監督権限によって適正なサービス提供が担保されることになる。

## 3　評価制度 ● ● ●

### （1）概　観

プロセスアプローチによる質の向上のための**評価**の仕組みとしては，国際化標準化機構の **ISO9001**（品質マネジメントシステム）がある。これは社会福祉分野を排除するものではないが，法的な制度ではない。また，医療の場合には，日本医療機能評価機構による病院機能評価が存在しており，むしろ社会福祉よりも先行して制度が登場している。

社会福祉固有の評価制度の本格的導入は，社会福祉基礎構造改革により，利用者が適切にサービスを選択するための情報提供の必要性が増大したことに関

---

(20)　神戸地判昭和 48 年 3 月 28 日判時 707 号 86 頁

連する。すなわち，2000年の社会福祉事業法の改正により，福祉サービスの質の向上のための措置等として，経営者による「福祉サービスの質の評価を行うこと」が社会福祉法（78条1項）に規定（努力義務）されたことで法的基礎が付与された。これを受けてガイドラインが策定され，現在，都道府県を実施主体とする**福祉サービス第三者評価事業**が実施されている[21]。

　このほか福祉各法で，サービスの**自己評価**が規定されることがある。例えば，介護保険法（73条，78-3条，80条，96条等）は，指定居宅サービス，指定地域密着型サービス，指定居宅介護支援，指定介護老人福祉施設サービス，介護老人保健施設等について，指定居宅サービス事業者，指定地域密着型サービス事業者，指定居宅介護支援事業者，指定介護老人福祉施設開設者，介護老人保健施設開設者等による質の評価を努力義務として規定している。また，障害者総合支援法（42条，51-22条）の障害福祉サービス及び相談支援については，指定事業者等及び指定相談支援事業者に対して，質の評価の実施が努力義務として規定されている。児童福祉法（21-5-17条，24-11条，24-30条）の場合にも，障害児通所支援，障害児入所支援及び障害児相談支援について，指定障害児事業者等，指定障害児入所施設等の設置者及び指定障害児相談支援事業者に対して，質の評価の実施が努力義務として規定されている。

　評価のうち**第三者評価**については，一般的に事業者・職員等による自己評価，利用者による利用者評価に加え，評価機関による訪問調査を経た上で評価の取りまとめが行われる。このことは，第三者評価制度が，自己評価及び利用者評価も含めたPDCAサイクルによるサービスの継続的改善のための枠組みであって，評価は改善プロセスの到達点であると同時に更なる改善に向けた出発点でもあることを意味する。

## （2）法 的 性 格

　伝統的な規制行政からすれば，いわゆる最低基準等を遵守しているにもかかわらずペナルティが課せられることはない。この限りでは，事業者が常に遵守すべき最低水準の基準としての最低基準等を超えるサービス提供を義務付けることは困難であろう。もちろん，最低基準等を通じて生存権保障に足る水準の

---

(21)　直近では，「『福祉サービス第三者評価事業に関する指針について』の全部改正について」（平成26年4月1日雇児発0401第12号・社援発0401第33号・老発0401第11号）

確保が求められるのは当然であるが，生存権保障の一環としてのオプティマム水準の達成も重要である。

　その点，措置方式における委託契約，社会保険及び個人給付方式における指定等の条件として，第三者評価の受審を義務付けることが考えられる。実際，認知症高齢者グループホーム，地域密着型サービス及び児童養護等の社会的養護関係施設については，それぞれの最低基準等に自己評価及び外部評価（第三者評価）の義務付け規定が設けられており，評価の未実施・未受審は基準違反となり得る[22]。

　また，行政による指導監査は定期的に実施されるのが通例であるが，第三者評価の受審の有無により，実施頻度・回数を変えることもあり得る。実際，運用レベルだが，第三者評価を受審した場合には，法人監査の頻度を緩和することが可能となっている[23]。

　さらに立法政策的には，第三者評価の受審についてその義務付けを超える法的効果をもたせることも考えられる。例えば，フランスのように評価の受審を許認可の更新の条件とする制度である[24]。またフランスにおいては，社会福祉施設に係る企画公募制度で施設設置に入札が義務付けられることにより，第三者評価の結果を入札に反映させることが可能である。我が国の制度に引き寄せて言えば，措置委託の場合には委託先の選択に当たって第三者評価の結果を考慮事項に入れることが考えられる。これに対して，個人給付方式及び社会保険方式の場合には，第三者評価の結果を報酬制度上の評価に反映することにより，サービスの質改善のインセンティブを付与することがあり得る。

　以上をまとめる。評価制度自体は任意が基本となるが，規制行政的なペナルティによる担保にはなじまない。ただし各種許認可の条件化やインセンティブ制度への組み込みは可能であり，指導監督による質の向上の限界を克服する可

---

(22)　認知症グループホームについては地域密着型サービスの運営基準97条7項，地域密着型サービスについては介護予防サービス等の運営基準85条2項，社会的養護関係施設について児童福祉施設の設備・運営基準24-3条等

(23)　法人監査は一般に2年に1回となっているが，第三者評価の受審，ISO認証の取得等を要件に所轄庁が頻度を4年に1回に緩和することが可能であったり，措置費・運営費に係る弾力通知により，第三者評価の受審・公表が弾力運用の要件となるといった例がある。

(24)　フランスの制度については，拙稿「フランスの福祉サービス利用者の権利保障」福祉社会開発研究9号（2017年）13頁

能性を有していると言える。

## 4　権 利 擁 護　● ● ·

### （1）概　観

　**権利擁護**という点では，補助，保佐及び後見から成る法定後見（民法7条等）及び任意後見（任意後見契約に関する法律）を柱とする**成年後見**制度があり，社会福祉における権利擁護の前提となる[25]。この成年後見と直接関係する社会福祉分野の制度としては，後見開始に関する市町村申立制度がある。これは，高齢者等及び知的・精神障害者の福祉を図るために特に必要があると認めるときに，市町村長が後見開始の審判等を請求できる制度である（老福法32条，知障法28条，精神法5-11-2条）[26]。

　これと密接に関わる社会福祉側の制度としては，都道府県社会福祉協議会が中心となって実施する**日常生活自立支援事業**（社会福祉法では，第2種社会福祉事業の福祉サービス利用援助事業）がある。成年後見が法律行為を対象とする制度であるのに対して，日常生活自立支援事業は，福祉サービス，苦情解決，行政手続き等の援助と，それに伴う預貯金の出し入れ，年金の管理等である。

　このほか，成年後見の申立経費，成年後見人の報酬等の助成のための**成年後見制度利用支援事業**がある。このうち高齢者の成年後見制度利用支援事業は，介護保険法の地域支援事業のうちの任意事業に位置付けられており，成年後見制度に関する情報提供，申立てに当たっての関係機関の紹介等を行う高齢者に対する虐待防止等の権利擁護事業（必須事業）と相まって，高齢者の権利擁護に寄与することになる。また障害者の場合にも，障害者総合支援法の市町村地域生活支援事業に成年後見制度利用支援事業（必須事業）が位置付けられてい

---

(25)　権利擁護に関しては，秋元美世・平田厚『社会福祉と権利擁護——人権のための理論と実践』（有斐閣，2015年）がある。

(26)　法律上の要件である「その福祉を図るために特に必要があるとき」の解釈が問題となるが，これは，個人生活への過度の干渉の防止と本人の保護の必要性との調和のための要件であることから，虐待等の迅速な対応を要するときには積極的に発動することが期待されていると解する。この点，高齢者の子からの抗告申立に関して，裁判所が「本人は体力の低下のみならず，認知症と診断されるなど判断能力の低下も認められるところ，抗告人による本人の介護状況は，極めて不適切であるとの評価を免れないものであるから，本人の保護の必要性が高い状態であったということができる」と判示して，申立を適法と認めた裁判例がある（東京高判平成25年6月25日判タ1392号218頁）。

る。

　なお，成年後見制度については，2016年に成年後見の利用の促進に関する法律（成年後見利用促進法），成年後見の事務の円滑化を図るための民法及び家事事件手続法の一部を改正する法律（成年後見円滑化法）の2本の議員立法が成立している（第6章第2節2参照）。

### （2）法 的 性 格

　日常生活自立支援事業の利用開始に当たっては，契約が締結されることから，成年後見人との契約でなく利用者本人との契約の場合には，当該利用者の判断能力が不十分であったとしても，契約締結能力は有していることになる。その点では，判断能力の低下の度合いが成年後見と違うことになる。また，対象となる行為も，成年後見制度が財産管理，身上監護等の契約に係る法律行為であるのに対して，日常生活自立支援事業は，福祉サービスの利用や日常生活上の金銭管理等に限定される。従って，両制度は相互に補完的であり，併用もあり得ることになる。

　ただし，社会福祉の視点からは，自立支援が重要となる。障害者権利条約（12条）との関係でも，代行意思決定ではなく支援付き意思決定制度が議論されるように，日常生活自立支援事業等の社会福祉制度は，他の意思決定支援制度も含め成年後見との関係で予防的な制度でもあると言える。

　別の視点として，社会福祉法の福祉サービス利用援助事業（80条等）に対応することから，日常生活自立支援事業には利用者の意向の尊重，利用者の立場に立った公正・適正な方法という消費者主権的な発想が存在していると言える。そして，このことは都道府県社会福祉協議会に設置される運営適正化委員会により担保されることになっている（社福法83条）。

### 5　虐待防止等 ● ● ●

### （1）概 　観

　**虐待**は，人権侵害であり，刑法等の刑事罰（暴行罪，傷害罪，保護責任者遺棄罪等）の構成要件に該当することもある悪質な行為である。

　現在，**虐待防止法制**は，**児童虐待防止法**，**高齢者虐待防止法**，**障害者虐待防止法**によって構成されている。虐待とは，最初の立法である児童虐待防止法によれば①身体的虐待，②性的虐待，③ネグレクト及び④精神的虐待の4類型を

いい，これが高齢者及び障害者の場合にも基本的に踏襲されている。ただし，高齢者の場合には，経済的虐待が加わり5類型となっている。障害者の場合にも，経済的虐待が対象となるほか，施設職員等及び使用者による心理的虐待の中に不当な差別的言動が含まれるのが特徴である。

　これら3つの虐待防止法制には共通点も多いが，虐待が相手方との関係性の中で発生することに加え，児童，高齢者及び障害者の間での特性の違いもあり，それぞれに具体的な制度及び仕組み上の違いが見られる。一番の違いは，虐待者の範囲である。具体的には，児童虐待が保護者と児童との間の虐待を基本とし，それと施設職員等による児童ではないが20歳未満の者に対する虐待（延長者虐待）を対象としている。これに対して，児童福祉施設等における児童に対する虐待については，児童福祉法が被措置児童等虐待として規定している（33-10条等）。ところが，高齢者虐待の場合には，高齢者虐待防止法自体で養護者とともに養介護施設従事者等による虐待が対象とされる。さらに障害者虐待の場合には，養護者及び障害者福祉施設等従事者に加え，障害者雇用との関係で使用者による虐待も障害者虐待防止法が対象としている。

　また，虐待者の違いから，対応に責任を負う行政主体も変わってくる。具体的には，保護者及び養護者による家庭内の虐待であれば，身近な行政主体である市町村が対応の中心となる。これに対して，被措置児童等虐待，養介護施設虐待及び障害者施設虐待のような施設内又は事業者等による虐待の場合には，都道府県が対応の主体となる。また，事業主による企業内の虐待の場合には，都道府県労働局が対応の主体となる。


**（2）虐 待 対 応**

　虐待対策としては，いずれの虐待の場合にも，虐待の端緒をつかみ，早期発見による迅速かつ的確な対応をとることが重要となる。このため，児童虐待を例にとると，虐待の発見者による市町村等への虐待の通告，市町村等による安全確認のための措置等の実施，都道府県知事による出頭要求，立入調査等の権限行使が規定されている。さらに，児童虐待のおそれが認められるときには，都道府県知事には裁判所の許可状を得た上で臨検捜索を行う権限も付与されている。また，立入調査等の関係で警察の支援を求めることができることになっている。

　児童虐待の性格上，児童を危険から守ることが必要である。このための措置

としては，まず緊急対応としての一時保護がある。保護者の下に置くことが適当でない児童については，家庭裁判所の審判による承認を得て，親権者の意に反する場合であっても，児童養護施設への入所，里親委託等の措置を採ることができる（2年を超える場合には審判の更新が必要）。また，対応として施設入所等の措置が採られた場合には，児童相談所長及び施設長は，保護者との面会・通信を制限することができる。このように，未成年子である児童虐待の場合には，親権の問題が存在するため，最終的には親子再統合を目指すに当たって，児童の保護との関係で難しい選択を迫られることになる。

高齢者の虐待対応の枠組みは，二つに類型化されている。

第一は，養護者による虐待であり，罰則はないものの発見者には市町村への通報義務が課せられる。通報を受けた市町村がとるべき対応としては，安全確認・事実確認等の措置，一時保護のための老人福祉法の措置，成年後見の審判請求が設けられている。これら市町村の権能を適切に行使するため，市町村長に立入調査権限及び警察への支援要請の権能等が付与されている。また，施設等への入所措置の場合に，市町村長及び施設長は，養護者との面会を制限することができる。

第二の養介護施設従事者等による虐待の場合には，発見者から市町村への通報義務のみならず，高齢者自身からの市町村への届出が規定されている。その上で，当該市町村は都道府県に報告し，当該市町村又は都道府県がそれぞれの監督権限等を適切に行使することになっている。

最後に障害者の虐待対応については，三つに類型化されている。

第一の養護者による虐待である場合，発見者に通報義務が課せられているが，高齢者虐待防止法と異なり，通報は生命・身体に重大な危険が生じている場合に限定されていない。通報を受けた市町村は，安全確認・事実確認の措置，一時保護のための障害者施設等への入所措置，成年後見の審判請求を行うこととされている。これら市町村の権能を適切に行使するため，市町村長には立入調査権限及び警察への支援要請の権能等が付与されている。また，施設等への入所措置の場合に，市町村長及び施設長は，養護者との面会を制限することができる。

第二の障害者福祉施設従事者等による虐待の場合には，発見者から市町村への通報義務のみならず，障害者自身からの市町村への届出が規定されている。その上で，当該市町村は都道府県に報告し，当該市町村又は都道府県がそれぞ

れ社会福祉法等の監督権限等を適切に行使することになっている。

　第三の使用者による虐待の場合にも，通報義務のある発見者のみならず，障害者からの届出が可能である。通報先は市町村又は都道府県であり，市町村の場合には都道府県に通知された上で，最終的には都道府県から都道府県労働局に報告がなされ，当該労働局が労働基準法等の監督権限等を適切に行使することで対応することになっている。このほか，学校，保育所等及び医療機関においても，障害者に対する虐待防止のために必要な措置を講ずることが一般的に規定されている。

　以上の虐待防止法制，とりわけ児童虐待とも関連を有しながら別体系となっているのが**配偶者暴力防止法**（DV 法）である。同法は，虐待ではなく「身体に対する暴力等」を対象としており，その中には身体のみならず精神的・性的暴力も含まれる。従って，配偶者への暴力と同時に子どもへの虐待が発生する可能性がある。DV 対策の仕組みとしては，発見者及び医師等から配偶者暴力相談支援センター等への通報（発見者は努力義務，医師等はできる規定），婦人相談所等による一時保護，配偶者が近寄らないようにするために被害者からの申立てにより裁判所が出す保護命令がある。具体的には，被害者の身体に対する暴力又は生命等に対する脅迫を要件として決定されることになっており，その類型としては，①被害者への接近禁止命令，被害者の子及び親族等への接近禁止命令並びに電話等禁止命令，②住居からの退去命令が存在する（命令違反には罰則）。

## （3）制度の法的性格

　これら虐待防止法制は，個々人の権利利益の擁護に関わる点で刑事司法との関係性を有するものの，都道府県の支援の下で市町村を中心に体制が構築される制度であり，行政警察としての社会福祉法制の枠内にあると考える。実際，保護者・養護者による虐待への対応としては，一時保護，各種福祉施設への入所等による保護が基本であり，また，施設職員等による虐待の場合には，行政による指導監督権限の行使が実効性の担保手段となっている。このほか，国，地方公共団体等による体制整備，研修，普及啓発，早期発見等の努力義務規定が設けられている。

　なお，虐待防止法制には，関係者への各種義務付け規定が登場するが，それがどの程度の義務かが重要である。通告義務はいずれの制度でも法的義務であ

るが，罰則付きではない。また，通告と守秘義務との関係については，刑法の秘密漏示罪等の罪に当たらないことを規定することで，守秘義務が通告の阻害要因にならないようにしている。

## 6 差別禁止 ● ● ●

### （1）概 観

**差別**とは，一般に不当な差別的取扱，言動等による人権侵害であるといえる。我が国では，法務省の人権擁護機構が人権擁護に取り組んでいるが，差別禁止に関する一般法は存在していない。ただし，個別分野では差別を禁ずるものがみられる。例えば労働関係では，労働基準法（3・4条）が労働基準に関する国籍等による差別的取扱を禁止するほか，男女雇用機会均等法（5・6条）が性別を理由とする差別的取扱を禁止する。これに対して，社会福祉関連では，障害者差別解消法が登場するまで単独の差別禁止法制は存在しなかった。

　なお，差別禁止ではないが，福祉各法において，措置委託に係る受託義務及びサービス利用の申込みに係る**応諾義務**が規定されることがある（老福法20条，身障法18-2条，知障法21条，子支法33条等）。これは，正当な理由がなければ，措置受託及びサービス提供を拒んではならないことを事業者に義務付けることから，差別的取扱いが受託義務及び応諾義務違反になる可能性があると解する。

### （2）障害者差別解消法[27]

　障害者に係る差別禁止法制は，障害者権利条約（5条）が規定する合理的配慮も含む差別禁止を国内法として担保するものである。我が国では，障害者基本法（4条）が，①障害を理由とする差別等の権利侵害行為の禁止，②社会的障壁の除去を怠ることによる権利侵害の防止及び③国による啓発・知識の普及を図るための取組を規定している。この基本法を具体化するための法律として制定されたのが「障害を理由とする差別の解消の推進に関する法律」（**障害者差別解消法**）である。同法は，差別を解消するための措置として，①**差別的取扱の禁止**を国・地方公共団体等と民間事業者に法的義務として義務付けるとともに，②**合理的配慮**の不提供の禁止を国・地方公共団体等の法的義務として，

---

（27）　詳細は，障害者差別解消法解説委員会編著『概説障害者差別解消法』（法律文化社，2014年）を参照されたい。

また，民間事業者の努力義務として義務付けることを柱とする。このための具体的対応策として，政府全体の差別解消に関する基本方針に基づき国・地方公共団体等の取組に関する要領，事業者向けの事業分野別の指針（ガイドライン）が策定される。実効性の確保のための，主務大臣による民間事業者に対する報告徴収，助言・指導及び勧告が規定されている。

　このように障害者差別解消法では，行政法的な手法が採用されている。ガイドライン違反に対する罰則はないものの，主務大臣の権限の適切な行使により，差別禁止の実効性が確保されることになる。

　なお，労働分野の障害者差別禁止については，障害者雇用促進法が別途規定を設けている。また，バリアフリー対応については，「高齢者，障害者等の移動等の円滑化の促進に関する法律」（バリアフリー法）があることから，障害者差別解消法（5条）では，社会的障壁の除去のための環境整備として努力義務のみが規定されている。

# 索　引

## ◆ あ 行 ◆

医学モデル‥‥‥‥‥‥‥‥‥‥‥ *129*
1号認定子ども‥‥‥‥‥‥‥‥‥ *155*
一時扶助‥‥‥‥‥‥‥‥‥‥‥‥ *92*
一部負担‥‥‥‥‥‥‥‥‥‥‥‥ *117*
一般財源‥‥‥‥‥‥‥‥‥‥‥‥ *68*
一般扶助主義‥‥‥‥‥‥‥‥‥‥ *78*
一般法‥‥‥‥‥‥‥‥‥‥‥‥‥ *25*
医療法人‥‥‥‥‥‥‥‥‥‥‥‥ *35*
インカムテスト‥‥‥‥‥‥‥‥‥ *160*
運営主体‥‥‥‥‥‥‥‥‥‥‥‥ *26*
運営適正化委員会‥‥‥‥‥‥‥‥ *179*
運営費‥‥‥‥‥‥‥‥‥‥‥‥‥ *68*
営利性‥‥‥‥‥‥‥‥‥‥‥‥‥ *31*
営利法人‥‥‥‥‥‥‥‥‥‥‥‥ *31*
応益負担‥‥‥‥‥‥‥‥‥‥‥‥ *75*
応諾義務‥‥‥‥‥‥‥‥‥ *157, 187*
応能負担‥‥‥‥‥‥‥‥‥‥‥‥ *75*

## ◆ か 行 ◆

会計監査人‥‥‥‥‥‥‥‥‥‥‥ *35*
介護医療院‥‥‥‥‥‥‥‥‥‥‥ *118*
介護給付‥‥‥‥‥‥‥‥‥‥‥‥ *116*
介護給付費‥‥‥‥‥‥‥‥‥‥‥ *136*
介護福祉士‥‥‥‥‥‥‥‥‥‥‥ *38*
介護報酬‥‥‥‥‥‥‥‥‥‥‥‥ *120*
介護保険‥‥‥‥‥‥‥‥‥‥ *50, 113*
介護保険事業計画‥‥‥‥‥‥ *63, 124*
介護保険事業支援計画‥‥‥‥‥‥ *63*
介護保険審査会‥‥‥‥‥‥‥‥‥ *55*
介護保険法‥‥‥‥‥‥‥‥‥‥‥ *113*
介護予防・日常生活支援総合事業‥‥ *123*
介護老人福祉施設‥‥‥‥‥‥‥‥ *118*
介護老人保健施設‥‥‥‥‥‥‥‥ *118*
核家族モデル‥‥‥‥‥‥‥‥‥‥ *11*
確　認‥‥‥‥‥‥‥‥ *51, 118, 157*
加　算‥‥‥‥‥‥‥‥‥‥‥‥‥ *92*
片働きモデル‥‥‥‥‥‥‥‥‥‥ *11*
稼働能力‥‥‥‥‥‥‥‥‥‥‥‥ *86*
ガバナンス‥‥‥‥‥‥‥‥‥‥‥ *34*
監　事‥‥‥‥‥‥‥‥‥‥‥‥‥ *35*
管理委託制度‥‥‥‥‥‥‥‥‥‥ *28*
企画公募‥‥‥‥‥‥‥‥‥‥‥‥ *175*
基　金‥‥‥‥‥‥‥‥‥‥‥‥‥ *69*

起　債‥‥‥‥‥‥‥‥‥‥‥‥‥ *72*
技術的助言‥‥‥‥‥‥‥‥‥‥‥ *60*
基準及び程度の原則‥‥‥‥‥‥‥ *84*
帰属による連帯‥‥‥‥‥‥‥ *16, 41*
基本構想‥‥‥‥‥‥‥‥‥‥‥‥ *63*
基本指針‥‥‥‥‥‥‥‥‥ *124, 140*
義務付け・枠付け‥‥‥‥‥‥‥‥ *60*
虐　待‥‥‥‥‥‥‥‥‥‥‥‥‥ *183*
虐待防止‥‥‥‥‥‥‥‥‥ *178, 183*
救護法‥‥‥‥‥‥‥‥‥‥‥‥ *8, 81*
求職者支援法‥‥‥‥‥‥‥‥‥‥ *104*
(旧)生活保護法‥‥‥‥‥‥‥‥‥ *81*
急迫保護‥‥‥‥‥‥‥‥‥‥‥‥ *100*
共　生‥‥‥‥‥‥‥‥‥‥‥‥‥ *9*
行政計画‥‥‥‥‥‥‥‥‥‥‥‥ *61*
行政裁量‥‥‥‥‥‥‥‥‥‥‥‥ *45*
行政事件訴訟‥‥‥‥‥‥‥‥‥‥ *56*
行政事件訴訟法‥‥‥‥‥‥‥‥‥ *56*
行政手続法‥‥‥‥‥‥‥‥‥‥‥ *54*
行政不服審査法‥‥‥‥‥‥‥‥‥ *55*
行旅病人及行旅死亡人取扱法‥‥‥ *79*
協同組合‥‥‥‥‥‥‥‥‥‥‥‥ *35*
業務独占‥‥‥‥‥‥‥‥‥‥ *36, 37*
居住地主義‥‥‥‥‥‥‥‥‥‥‥ *25*
居宅主義‥‥‥‥‥‥‥‥‥‥‥‥ *11*
居宅生活の支援‥‥‥‥‥‥‥‥‥ *148*
居宅保護‥‥‥‥‥‥‥‥‥‥‥‥ *96*
金銭給付‥‥‥‥‥‥‥‥‥‥‥‥ *95*
勤労控除‥‥‥‥‥‥‥‥‥‥‥‥ *91*
苦情解決‥‥‥‥‥‥‥‥‥‥‥‥ *179*
訓練等給付費‥‥‥‥‥‥‥‥‥‥ *136*
ケアプラン‥‥‥‥‥‥‥‥‥‥‥ *117*
ケアマネジャー‥‥‥‥‥‥‥‥‥ *117*
経営主体‥‥‥‥‥‥‥‥‥‥ *20, 26*
計画相談支援給付‥‥‥‥‥‥‥‥ *137*
ケースワーク‥‥‥‥‥‥‥‥ *80, 102*
原因者分担‥‥‥‥‥‥‥‥‥‥‥ *75*
現金給付の現物給付化‥‥‥‥‥‥ *49*
現物給付‥‥‥‥‥‥‥‥‥‥‥‥ *95*
権利擁護‥‥‥‥‥‥‥‥‥ *178, 182*
権利利益の擁護‥‥‥‥‥‥‥‥‥ *9*
牽連性‥‥‥‥‥‥‥‥‥‥‥‥‥ *41*
公　益‥‥‥‥‥‥‥‥‥‥‥‥‥ *31*
公益法人‥‥‥‥‥‥‥‥‥‥‥‥ *35*
高額介護サービス費‥‥‥‥‥‥‥ *118*

# 索　引

高額障害福祉サービス等給付‥‥‥‥‥‥ *137*
公共サービス基本法‥‥‥‥‥‥‥‥‥‥ *172*
公金支出禁止規定‥‥‥‥‥‥‥‥‥ *33, 73*
後　見‥‥‥‥‥‥‥‥‥‥‥‥‥‥‥ *112*
貢献による連帯‥‥‥‥‥‥‥‥‥‥ *16, 41*
抗告訴訟‥‥‥‥‥‥‥‥‥‥‥‥‥‥ *56*
公私分離原則‥‥‥‥‥‥‥‥‥‥‥ *20, 73*
公私連携法人‥‥‥‥‥‥‥‥‥‥‥‥ *173*
公　助‥‥‥‥‥‥‥‥‥‥‥‥‥‥‥ *82*
公租公課の禁止‥‥‥‥‥‥‥‥‥‥‥ *54*
公的扶助‥‥‥‥‥‥‥‥‥‥‥‥‥‥ *78*
公　費‥‥‥‥‥‥‥‥‥‥‥‥‥‥‥ *125*
交付金‥‥‥‥‥‥‥‥‥‥‥‥‥‥‥ *69*
公法上の利用契約‥‥‥‥‥‥‥‥‥‥ *46*
公募指定‥‥‥‥‥‥‥‥‥‥‥‥‥‥ *172*
合理的配慮‥‥‥‥‥‥‥‥‥‥‥‥‥ *187*
高齢者‥‥‥‥‥‥‥‥‥‥‥‥‥‥‥ *107*
高齢者虐待防止法‥‥‥‥‥‥‥‥‥‥ *183*
ゴーイングコンサーン‥‥‥‥‥‥‥‥ *24*
ゴールドプラン‥‥‥‥‥‥‥‥‥‥‥ *62*
個人給付方式‥‥‥‥‥‥‥ *47, 135, 155*
子育て支援事業‥‥‥‥‥‥‥‥‥‥‥ *149*
子育てのための施設等利用給付‥‥‥‥ *154*
国家資格‥‥‥‥‥‥‥‥‥‥‥‥ *37, 38*
国家賠償‥‥‥‥‥‥‥‥‥‥‥‥‥‥ *56*
国家賠償法‥‥‥‥‥‥‥‥‥‥‥‥‥ *56*
国庫負担‥‥‥‥‥‥‥‥‥‥‥‥ *69, 72*
国庫補助‥‥‥‥‥‥‥‥‥‥‥‥ *69, 72*
子ども‥‥‥‥‥‥‥‥‥‥‥‥‥‥‥ *144*
子ども・子育て会議‥‥‥‥‥‥‥‥‥ *159*
子ども・子育て勘定‥‥‥‥‥‥‥‥‥ *68*
子ども・子育て支援給付‥‥‥‥‥‥‥ *154*
子ども・子育て支援法‥‥‥‥‥‥‥‥ *153*
子ども・子育て事業計画‥‥‥‥‥‥‥ *63*
子ども・子育て事業支援計画‥‥‥‥‥ *63*
子ども・若者育成支援推進法‥‥‥‥‥ *145*
子どもの最善の利益‥‥‥‥‥‥‥‥‥ *147*
子どものための教育・保育給付‥‥ *154, 155*
子どものための現金給付‥‥‥‥‥‥‥ *154*
子どもの貧困対策の推進に関する法律‥‥ *145*
子ども法‥‥‥‥‥‥‥‥‥‥‥‥‥‥ *146*

## ◆ さ　行 ◆

サービス指令‥‥‥‥‥‥‥‥‥‥‥‥ *175*
サービス付き高齢者向け住宅‥‥‥‥‥ *113*
災害救助法‥‥‥‥‥‥‥‥‥‥‥‥‥ *79*
財政安定化基金‥‥‥‥‥‥‥‥‥‥‥ *125*
財　団‥‥‥‥‥‥‥‥‥‥‥‥‥‥‥ *31*

最低基準‥‥‥‥‥‥‥‥‥‥‥‥‥‥ *179*
最低生活費‥‥‥‥‥‥‥‥‥‥‥‥‥ *91*
最低生活保障の原理‥‥‥‥‥‥‥‥‥ *83*
差　別‥‥‥‥‥‥‥‥‥‥‥‥‥‥‥ *187*
差別的取扱の禁止‥‥‥‥‥‥‥‥‥‥ *187*
参　加‥‥‥‥‥‥‥‥‥‥‥‥‥‥‥ *10*
3号認定子ども‥‥‥‥‥‥‥‥‥‥‥ *156*
参酌すべき基準‥‥‥‥‥‥‥‥‥‥‥ *60*
支給限度基準額‥‥‥‥‥‥‥‥‥‥‥ *117*
支給認定‥‥‥‥‥‥‥‥‥‥‥‥‥‥ *155*
支給認定子ども‥‥‥‥‥‥‥‥‥‥‥ *155*
仕事・子育て両立支援事業‥‥‥‥‥‥ *158*
自己評価‥‥‥‥‥‥‥‥‥‥‥ *178, 180*
資　産‥‥‥‥‥‥‥‥‥‥‥‥‥‥‥ *85*
自　助‥‥‥‥‥‥‥‥‥‥‥‥‥‥‥ *82*
市場化テスト‥‥‥‥‥‥‥‥‥‥‥‥ *172*
施設型給付費‥‥‥‥‥‥‥‥‥‥‥‥ *155*
施設障害福祉サービス‥‥‥‥‥‥‥‥ *139*
施設整備費‥‥‥‥‥‥‥‥‥‥‥‥‥ *68*
従うべき基準‥‥‥‥‥‥‥‥‥‥‥‥ *60*
自治事務‥‥‥‥‥‥‥‥‥‥‥‥ *22, 59*
市町村介護保険事業計画‥‥‥‥‥‥‥ *124*
市町村子ども・子育て支援事業計画‥‥ *159*
市町村障害者計画‥‥‥‥‥‥‥‥‥‥ *130*
市町村障害福祉計画‥‥‥‥‥‥‥‥‥ *140*
実施主体‥‥‥‥‥‥‥‥‥‥‥‥‥‥ *57*
実践主体‥‥‥‥‥‥‥‥‥‥‥‥ *20, 36*
指　定‥‥‥‥‥‥‥‥‥‥ *118, 139, 148*
指定管理者制度‥‥‥‥‥‥‥‥‥ *28, 173*
児　童‥‥‥‥‥‥‥‥‥‥‥‥‥‥‥ *144*
指導・指示‥‥‥‥‥‥‥‥‥‥‥‥‥ *102*
児童委員‥‥‥‥‥‥‥‥‥‥‥‥‥‥ *39*
児童虐待防止法‥‥‥‥‥‥‥‥‥‥‥ *183*
児童権利条約‥‥‥‥‥‥‥‥‥‥ *11, 144*
児童相談所‥‥‥‥‥‥‥‥‥‥‥‥‥ *23*
児童手当‥‥‥‥‥‥‥‥‥‥‥‥‥‥ *161*
児童福祉司‥‥‥‥‥‥‥‥‥‥‥‥‥ *37*
児童福祉法‥‥‥‥‥‥‥‥‥‥‥ *144, 147*
児童扶養手当‥‥‥‥‥‥‥‥‥‥‥‥ *162*
支　弁‥‥‥‥‥‥‥‥‥‥‥‥‥‥‥ *68*
支弁者‥‥‥‥‥‥‥‥‥‥‥‥‥‥‥ *103*
事務費‥‥‥‥‥‥‥‥‥‥‥‥‥‥‥ *68*
社　会‥‥‥‥‥‥‥‥‥‥‥‥‥‥‥ *165*
社会手当‥‥‥‥‥‥‥‥‥‥‥‥‥‥ *160*
社会的(公的)扶養‥‥‥‥‥‥‥‥‥‥ *83*
社会の障壁‥‥‥‥‥‥‥‥‥‥‥‥‥ *129*
社会の保護‥‥‥‥‥‥‥‥‥‥‥‥‥ *7*
社会福祉‥‥‥‥‥‥‥‥‥‥‥‥‥‥ *4*

社会福祉基礎構造改革·················· 6
社会福祉士·························· 38
社会福祉主事······················ 37
社会福祉に関する活動················ 12
社会福祉法人··················· 33, 166
社会福祉連携推進法人················ 35
社会福祉を目的とする事業············ 12
社会扶助··············· 4, 41, 42, 67, 160
社会保険··················· 4, 41, 67
社会保険方式······················ 50
社会保障··························· 7
社会保障給付費···················· 66
社会モデル························ 129
社会連帯·························· 16
社　団···························· 31
住所地・居住地特例················ 25
周知義務······················ 53, 54
就労自立給付金···················· 98
受益者負担························ 75
需給調整··············· 120, 170, 172
恤救規則······················ 8, 81
主任児童委員······················ 39
準市場························· 19, 176
障　害··························· 129
障害支援区分······················ 137
障害児支援利用計画················ 150
障害児入所給付費·················· 150
障害児福祉手当···················· 163
障害者基本計画···················· 130
障害者基本法······················ 129
障害者虐待防止法·················· 183
障害者計画························ 63
障害者権利条約················· 11, 129
障害者差別解消法·················· 187
障害者総合支援法·················· 135
障害者法·························· 126
障害福祉計画··················· 63, 140
障害福祉サービス·················· 139
障害福祉サービス事業·············· 139
少子化社会対策基本法·············· 145
少子化対策························ 146
譲渡・担保・差押の禁止············ 54
小児慢性特定疾病医療費の支給······ 148
小児慢性特定疾病児童等自立支援事業····· 148
助　産··························· 149
助産施設·························· 149
職権主義······················ 42, 52
所得再分配························ 83

所得調査·························· 160
所得保障給付······················· 8
自　立························· 10, 97
自立支援医療費···················· 137
自立支援給付費···················· 136
自立助長·························· 97
人　権························· 9, 176
審査請求前置主義·················· 55
申請権···························· 53
申請主義····················· 42, 52, 99
申請保護の原則················· 42, 84
身体障害者更生相談所·············· 23
身体障害者手帳···················· 131
身体障害者福祉法·················· 131
水準均衡方式······················ 90
健やかな成長······················ 10
生　活··························· 10
生活(維持)自己責任原則········· 42, 84
生活困窮者住居確保給付金·········· 105
生活困窮者就労訓練事業············ 105
生活困窮者就労準備支援事業········ 105
生活困窮者自立支援法·············· 104
生活困窮者自立相談支援事業········ 105
生活障害給付······················· 8
生活モデル························ 11
制限扶助主義······················ 78
政策主体······················ 19, 20
精神障害者保健福祉手帳············ 134
精神保健福祉士···················· 38
精神保健福祉法···················· 134
生存権························· 10, 18
成年後見····················· 178, 182
成年後見制度利用支援事業·········· 182
セーフティネット·················· 82
世帯単位の原則···················· 84
世帯分離·························· 84
設置主体·························· 26
善管注意義務······················ 35
相談・助言························ 102
総量規制················· 119, 141, 170
租税法律主義······················ 76
措置··············· 43, 111, 132, 134, 149
措置から契約へ················· 6, 169
措置制度·························· 43
措置方式·························· 42
尊　厳···························· 9

## 索　引

### ◆ た　行 ◆

第1号被保険者·······························114
第1号保険料·······························125
第1種社会福祉事業·····················14, 30
第2号被保険者·······························114
第2号保険料·······························125
第2種社会福祉事業·····················14, 30
第三者行為求償·······························104
第三者評価·····························178, 180
第二のセーフティネット·····················104
代理納付·······························95
代理納付制度·······························49
地域型保育給付費·························155
地域子ども・子育て支援事業···········158
地域支援事業·······························122
地域生活支援事業·························136
地域相談支援給付·························137
地域福祉·······························12
地域福祉計画·······························63
地域包括ケアシステム·····················113
地域包括支援センター·····················123
知的障害者更生相談所·····················23
知的障害者福祉法·························132
地方公営企業法·······························72
地方交付税·······························71
地方財政·······························71
地方分権·······························58
忠実義務·······························35
調整交付金·······························125
手続過程·····························53, 54
当事者主義·······························10
特定障害者特別給付·····················137
特定非営利活動法人·····················35
特別基準·······························92
特別児童扶養手当·························163
特別障害者手当·······························163
特別地方公共団体·····················22, 58
特別法·······························25
都道府県介護保険事業支援計画···········124
都道府県子ども・子育て支援事業支援計画 159
都道府県障害者計画·························130
都道府県障害福祉計画·····················140

### ◆ な　行 ◆

2号認定子ども·······························155
日常生活自立支援事業·················178, 182
入所保護·······························96

任意契約方式·······························51
任意事業·······························123
認定こども園·······························159
認定こども園法·······························159
任用資格·······························37
能力の活用·······························86

### ◆ は　行 ◆

配偶者暴力相談支援センター···········24, 186
配偶者暴力防止法·························186
バリアフリー法·······························188
反射的利益·······························44
反射的利益論·······························45
非営利法人·······························31
必要·······························9
必要即応の原則·······························84
被保護者就労支援事業·····················98
102号条約·······························161
評　価·····························178, 179
評議員·······························35
評議員会·······························35
費用徴収·····························74, 103
費用返還·······························103
福　祉·······························3, 9
福祉国家·······························3
福祉サービス第三者評価事業···········180
福祉事務所·······························22
福祉人材確保指針·························39
福祉八法改正·······························62
福祉六法·······························5
婦人相談所·······························23
普通地方公共団体·····················22, 58
不服申立·······························55
普遍主義·······························10
扶養の優先·······························87
不利益変更·······························55
不利益変更禁止·······························93
プログラム規定説·························18
プロセスアプローチ·························179
保　育·······························149
保育士·······························38
保育所·······························149
保育所方式·······························46
包括的支援事業·························123
法　人·······························31
法定受託事務·····················22, 59, 101
法定代理受領·····················48, 136, 156
法定代理受領方式·························135

ホームレス‥‥‥‥‥‥‥‥‥‥‥‥‥‥‥‥ *106*
他法他施策‥‥‥‥‥‥‥‥‥‥‥‥‥‥‥‥ *88*
補完性の原則‥‥‥‥‥‥‥‥‥‥‥‥ *18, 58*
保健所‥‥‥‥‥‥‥‥‥‥‥‥‥‥‥‥‥‥ *22*
保険料‥‥‥‥‥‥‥‥‥‥‥‥‥‥‥‥‥ *125*
保　護‥‥‥‥‥‥‥‥‥‥‥‥‥‥‥‥‥‥ *10*
保護基準‥‥‥‥‥‥‥‥‥‥‥‥‥‥ *90, 91*
母子生活支援施設‥‥‥‥‥‥‥‥‥‥ *150*
補装具‥‥‥‥‥‥‥‥‥‥‥‥‥‥‥‥‥ *137*
補足性‥‥‥‥‥‥‥‥‥‥‥‥‥‥‥‥‥ *84*
補足性の原理‥‥‥‥‥‥‥‥‥‥‥‥‥ *83*
墓地埋葬法‥‥‥‥‥‥‥‥‥‥‥‥‥‥‥ *79*
ボランティア‥‥‥‥‥‥‥‥‥‥‥‥‥‥ *39*

### ◆ ま　行 ◆

マーケットバスケット方式‥‥‥‥‥‥ *90*
ミーンズテスト‥‥‥‥‥‥‥‥‥‥‥‥ *78*
民間資格‥‥‥‥‥‥‥‥‥‥‥‥‥‥‥‥ *37*
民生委員‥‥‥‥‥‥‥‥‥‥‥‥‥‥‥‥ *39*
無差別平等の原理‥‥‥‥‥‥‥‥‥‥‥ *83*
名称独占‥‥‥‥‥‥‥‥‥‥‥‥‥‥ *36, 37*

### ◆ や　行 ◆

有料老人ホーム‥‥‥‥‥‥‥‥‥‥‥ *112*
要介護状態‥‥‥‥‥‥‥‥‥‥‥‥‥‥ *114*
要介護認定‥‥‥‥‥‥‥‥‥‥‥‥‥‥ *115*
要支援状態‥‥‥‥‥‥‥‥‥‥‥‥‥‥ *114*
要支援認定‥‥‥‥‥‥‥‥‥‥‥‥‥‥ *115*
要保護児童‥‥‥‥‥‥‥‥‥‥‥‥‥‥ *151*

要保護児童対策地域協議会‥‥‥‥‥‥ *151*
予防給付‥‥‥‥‥‥‥‥‥‥‥‥‥‥‥ *116*

### ◆ ら　行 ◆

理　事‥‥‥‥‥‥‥‥‥‥‥‥‥‥‥‥‥ *35*
理事会‥‥‥‥‥‥‥‥‥‥‥‥‥‥‥‥‥ *35*
理事長‥‥‥‥‥‥‥‥‥‥‥‥‥‥‥‥‥ *35*
リバースモーゲージ‥‥‥‥‥‥‥‥‥‥ *85*
療育手帳‥‥‥‥‥‥‥‥‥‥‥‥‥‥‥ *133*
療育の指導‥‥‥‥‥‥‥‥‥‥‥‥‥‥ *148*
利用契約方式‥‥‥‥‥‥‥‥‥‥‥‥‥ *42*
利用者評価‥‥‥‥‥‥‥‥‥‥‥‥‥‥ *178*
利用者負担‥‥‥‥‥‥‥‥‥ *43, 74, 141*
利用調整‥‥‥‥‥‥‥‥‥‥‥‥‥‥‥ *158*
療養介護医療費‥‥‥‥‥‥‥‥‥‥‥ *137*
連　帯‥‥‥‥‥‥‥‥‥‥‥‥‥‥ *10, 16*
老人居宅生活支援事業‥‥‥‥‥‥‥‥ *111*
老人福祉計画‥‥‥‥‥‥‥‥‥‥‥‥ *112*
老人福祉施設‥‥‥‥‥‥‥‥‥‥‥‥ *111*
老人福祉法‥‥‥‥‥‥‥‥‥‥‥‥‥ *110*
老人保健福祉計画‥‥‥‥‥‥‥‥‥‥ *62*

### ◆ わ　行 ◆

ワークライフバランス‥‥‥‥‥‥‥ *153*

### ◆ 欧　文 ◆

ISO9001 ‥‥‥‥‥‥‥‥‥‥‥‥‥‥ *179*
PDCA サイクル ‥‥‥‥‥‥‥‥‥‥‥ *61*
PFI ‥‥‥‥‥‥‥‥‥‥‥‥‥‥ *26, 172*

〈著者紹介〉

# 伊奈川　秀和（いながわ　ひでかず）

| | |
|---|---|
| 1959 年 | 長野県生まれ |
| 1982 年 | 東京外国語大学外国語学部フランス語学科卒業 |
| 同　年 | 厚生省入省 |
| 1998 年 | 九州大学法学部助教授 |
| 2001 年 | 年金資金運用基金福祉部長 |
| 2003 年 | 内閣府参事官 |
| 2005 年 | 内閣参事官 |
| 2007 年 | 厚生労働省社会・援護局保護課長 |
| 2008 年 | 厚生労働省年金局総務課長 |
| 2009 年 | 厚生労働省参事官（社会保障担当） |
| 2011 年 | 内閣府大臣官房少子化・青少年対策審議官 |
| 2013 年 | 厚生労働省中国四国厚生局長 |
| 2014 年 | 全国健康保険協会理事 |
| 2016 年 | 東洋大学社会学部社会福祉学科教授　博士（法学）（九州大学） |

〈主要著書〉

『フランスに学ぶ社会保障改革』（中央法規出版，2000 年）
『フランス社会保障法の権利構造』（信山社，2010 年）
『社会保障における連帯概念──フランスと日本の比較分析』（信山社，2015 年）
『〈概観〉社会保障法総論・社会保険法（第 2 版）』（信山社，2020 年）

## 〈概観〉社会福祉法（第 2 版）

2018（平成30）年 1 月30日　初版第 1 刷発行
2020（令和 2 ）年 8 月15日　第 2 版第 1 刷発行

著　者　　伊奈川秀和
発行者　　今井貴 稲葉文子
発行所　　株式会社 信山社
〒113-0033　東京都文京区本郷6-2-9-102
Tel 03-3818-1019　Fax 03-3818-0344
info@shinzansha.co.jp
出版契約2020-7020-4-02010　Printed in Japan

©伊奈川秀和, 2020 印刷・製本／亜細亜印刷・渋谷文泉閣
ISBN978-4-7972-7020-4 C3332. P208/328. 670 c.012 社会保障法
7020-0201:012-010-002《禁無断複写》

〈概観〉 社会保障法総論・社会保険法（第2版）
伊奈川秀和

〈概観〉 社会福祉・医療運営論
伊奈川秀和

社会保障法における連帯概念
伊奈川秀和

フランス社会保障法の権利構造
伊奈川秀和

信山社

社会保障法の法源

岩村正彦・菊池馨実 監修

プラクティス労働法（第 2 版）

山川隆一 編

契約者としての高齢者

三輪まどか

障害者権利条約の実施

長瀬修・川島聡 編

信山社

## サ高住の探し方

本澤巳代子 監修

## サ高住の決め方

本澤巳代子 監修

## サ高住の住み替え方

本澤巳代子 監修

## トピック社会保障法（2020 第 14 版）

本澤巳代子・新田秀樹編著

―― 信山社 ――